Wie erziehe ich mein Pferd

Silke Behling

KOSMOS

Inhalt

Wie erziehe ich mein Pferd?

„Muss ich mein Pferd denn überhaupt erziehen?" Diese Frage scheint berechtigt. Aber es gibt tatsächlich vieles, was Pferde lernen müssen, damit der Umgang mit ihnen Spaß macht und ungefährlich ist. Denn aufgrund ihrer Größe und ihrer Kraft können Pferde uns durchaus verletzen – und das, obwohl sie eigentlich friedlich und umgänglich sind.

Ein anderes Pferd darf durchaus einmal gezwickt werden, wenn es nicht zur Seite geht – für den Menschen wäre dies aber eine schmerzhafte Angelegenheit. Schon die niedlichen Fohlen sollten deshalb das Einmaleins des guten Benehmens lernen. Aber auch erwachsenen Pferden muss man oft noch zeigen, was der Mensch im Umgang mit ihnen erwartet.

Auf Tuchfühlung

Ein Pferd sollte sich jederzeit überall berühren lassen. Das hört sich einfach an, ist aber gar nicht so selbstverständlich. Es gibt schließlich etliche Stellen, an denen ein Pferd kitzelig sein kann und insbesondere Stuten neigen dann schon einmal zu Abwehrreaktionen. Sie sind deshalb nicht bösartig, aber wenn sie nicht gelernt haben Berührungen zu dulden, schlagen sie eventuell aus.

Auch an Stellen, die ihnen unangenehm sind, müssen Pferde sich anfassen lassen. Ein Tierarzt muss zur Kontrolle ins Maul schauen oder ins Auge sehen können, Wunden müssen versorgt werden.

Und der Mensch will noch mehr als nur Anfassen: Er befestigt Sattel und Trense oder auch einmal Gamaschen am Pferd.

Diese Dinge finden Pferde von Natur aus nicht angenehm. Aber sie lernen, dass sie zu ihrem Leben bei uns dazugehören.

Partnerschaft

Pferde sind uns Menschen gegenüber sehr aufgeschlossen. Sie versuchen uns zu verstehen und es uns recht zu machen. Schließlich sind sie kommunikative Wesen, die von Natur aus in Gruppen leben und sich auch mit ihren Herdenmitgliedern verständigen.
Pferde beziehen uns in ihr Sozialverhalten mit ein und müssen deshalb lernen, was uns von den Pferdefreunden unterscheidet. Sie dürfen uns nicht so zur Seite schubsen wie ein anderes Pferd, sie müssen auf unsere Lautsprache hören und sie müssen unsere Körpersprache verstehen.

Unterwegs

Zum Alltag von Mensch und Pferd gehört auch, dass man irgendwo hingeht: aus dem Stall auf die Weide oder in die Reithalle, in den Hänger, im Wald spazieren oder zum Turnierplatz.
Wenn es funktioniert, sieht das richtige Führen eines gut erzogenen Pferdes einfach aus. Aber es gehört eine ganze Menge dazu, ein Pferd gefahrlos an einen anderen Ort zu bringen. Das geht nur, wenn es einem wirklich respektvoll folgt und gelernt hat, stets gelassen zu bleiben. Klappt das Führen auch in schwierigen Situationen, dann hat man sein Pferd gut erzogen.

Basiswissen Pferd

Pferde reagieren häufig unerwartet und schnell, manchmal sogar hektisch – in unseren Augen. Aus Sicht der Pferde ist dieses Verhalten aber völlig normal: Als Fluchttiere suchen sie das Weite, sobald ihnen etwas gefährlich erscheint. Sie hüpfen zur Seite, rennen los und halten manchmal erst an, wenn sie in Sicherheit sind.

Pferde haben keine Hörner oder Reißzähne, mit denen sie sich gegen ihre natürlichen Feinde verteidigen könnten. Doch völlig wehrlos sind sie dennoch nicht: Mit ihren Hufen können sie im Notfall durchaus zutreten! Prinzipiell weichen sie einer Gefahr aber lieber aus, sei es durch einen beherzten Sprung zur Seite oder durch einen kurzen Sprint.

Nichts wie weg!

Pferde erschrecken leicht und fliehen vor Gefahr. Wenn ihnen etwas nicht geheuer ist, suchen sie lieber erst mal das Weite! Für Pferde, die auf der Koppel sind, ist dies auch kein Problem: Sie können wegrennen, wenn sie sich erschrecken. Aber wenn sich ein Pferd im Stall oder gar auf der Straße erschrickt, kann es gefährlich für Mensch und Tier werden! Möglicherweise springt das Pferd unkontrolliert auf die Straße oder tritt in der engen Stallgasse seinem Menschen auf den Fuß. Auch Hunde oder Kinder, die gerade im Weg stehen, geraten dann in Gefahr. Dabei meint das Pferd es nicht böse: Es denkt in solchen Momenten nicht nach, sondern handelt rein instinktiv. Gehen Sie deshalb immer möglichst vorausschauend mit Ihrem Pferd um.

Hilfe, Gespenster!

Manchmal rechnet man nicht damit, dass sich ein Pferd erschrecken könnte. Da reitet man mit ihm die gleiche Strecke wie schon oft und plötzlich springt es aufgeregt zur Seite, reißt die Augen auf und schnaubt beunruhigt. Was ist bloß passiert? Ach, auf dem Holzstapel am Wegesrand liegt neuerdings eine Plastikplane! Solche Dinge bemerken wir oft gar nicht, aber Pferde achten sehr genau auf Veränderungen in ihrer vertrauten Umgebung.
Deshalb sollte man immer selbst die Augen offen halten, um rechtzeitig zu erkennen, wovor sich ein Pferd erschrecken könnte. Ist man darauf gefasst, kann man entsprechend reagieren.

Ganz entspannt

So richtig entspannen kann sich ein Pferd nur, wenn es sich völlig sicher fühlt. Als Fluchttier ist es darauf angewiesen, die Umgebung ständig im Auge zu behalten. Aber wenn es sich wohlfühlt und weiß, dass ihm hier nichts passieren wird, dann kann ein Pferd auch in Ruhe dösen oder sogar im Liegen tief schlafen.

Lebensraum Steppe

Der ursprüngliche Lebensraum der Pferde ist die weite Steppe. Deshalb brauchen Pferde, wenn sie in unserer Obhut leben, viel Auslauf. Den ganzen Tag in einer geschlossenen Box zu stehen und keine Gelegenheit zu bekommen, frei zu laufen, entspricht nicht ihren Bedürfnissen.

Pferde brauchen Platz und die Möglichkeit, sich ausgiebig zu bewegen. Auf der Weide oder einem Auslauf fühlen sie sich deshalb am wohlsten. Am liebsten haben sie dabei Gesellschaft von einem oder mehreren anderen Pferden. Einzeln gehaltene Pferde sind einsam und unglücklich!

Lieblingsplatz Koppel

Die Weide ist der Aufenthaltsort, der dem natürlichen Lebensraum des Pferdes am nächsten kommt. Dort kann es mit seinen Pferdefreunden fressen, Mähne kraulen oder um die Wette laufen.

Die Gesellschaft von anderen Pferden ist für das Herdentier Pferd sehr wichtig. Ein einsames Pferd ist oft ängstlich oder verstört. Das liegt daran, dass ihm der Schutz der Herde fehlt.

Manche Boxenpferde entwickeln auch Verhaltensstörungen wie Koppen oder Weben.

Laufen, laufen, laufen!

Pferde brauchen Bewegung! Sie lieben es, gemütlich im Schritt über die Koppel zu bummeln oder im flotten Galopp über die Wiese zu rennen. Ihre Muskeln sind für diese ausdauernde Beanspruchung geschaffen, die sie deshalb auch möglichst täglich haben sollten.

Ein Pferd, das nicht genug Bewegung bekommt, wird unausgeglichen und zappelig. Ein artgerecht gehaltenes Pferd hingegen ist meist viel umgänglicher – sowohl beim Putzen als auch beim Reiten.

Das schmeckt Pferden

Ideal ist es, wenn Pferde auf einer Koppel laufen dürfen und dort grasen können. Da auf vielen unserer Koppeln heutzutage aber eine Menge Grassorten stehen, die zu viele Nährstoffe und zu wenig Rohfasern enthalten, lässt man Pferde häufig nur für eine begrenzte Zeit auf die Weide. Magen und Darm der Pferde sind aber darauf eingerichtet, regelmäßig etwas zum Verdauen zu bekommen. Deswegen gibt man Pferden, die nicht auf der Koppel sind, Heu oder Stroh zu knabbern.

Regelmäßige Mahlzeiten

Als Steppentiere waren die Pferde fast den ganzen Tag damit beschäftigt, sich langsam und stetig fortbewegend Nahrung zu suchen und zu fressen. Ihr Magen ist nicht besonders groß, deshalb fressen sie viele kleine Futterportionen.

Aus diesem Grund müssen Pferde immer mehrmals täglich gefüttert werden, im Idealfall vier- bis fünfmal täglich zu festen Zeiten. Zusätzlich zum Raufutter, das aus Heu und Stroh besteht, bekommen sie bei Bedarf auch Kraftfutter.

Die Menge des Futters richtet sich nach der Arbeit, die das Pferd leistet. Freizeitpferde brauchen in der Regel nur wenig Hafer, Gerste oder Müsli, ihr Energiebedarf wird durch Gras oder Heu ausreichend gedeckt.

Gemeinsam sind wir stark

Ein Pferd allein fühlt sich nicht wohl, erst in der Gemeinschaft ist es sicher. Als Fluchttier ist es darauf angewiesen, Feinde rechtzeitig zu erkennen. In einer Herde können Pferde abwechselnd nach Feinden Ausschau halten, was viel weniger Stress für den Einzelnen bedeutet.

Doch nicht nur zum Schutz vor Feinden benötigt jedes Pferd Freunde: Der Kamerad ist auch ein toller Spielgefährte, vertreibt einem die Fliegen aus dem Gesicht oder kennt die besten Futterstellen. Ein einzelnes Pferd hätte in Freiheit nicht lange überleben können.

Familienbande

Innerhalb der Herde gibt es eine feste Rangordnung: Die Leitstute bestimmt, wo die Herde frisst und wohin sie zieht. In der freien Natur gehört auch ein Hengst zur Herde, der seine Stuten gegen Angreifer verteidigt. Die jungen Hengste, die noch keine eigene Herde haben, leben gemeinsam mit anderen Junggesellen zusammen. Wenn Pferde fliehen, dann laufen in der Regel die ranghohen Stuten voraus.

WUSSTEN SIE?

▸ Fellpflege lässt sich am besten gemeinsam erledigen. Sich gegenseitig die Mähne zu kraulen, gehört zum Sozialverhalten der Pferde. Befreundete Pferde beknabbern sich dort, wo es den anderen besonders juckt und er sich selbst nicht kratzen kann. Gemeinsam lassen sich auch die lästigen Fliegen im Sommer viel besser vertreiben: Oft sieht man zwei Gefährten nebeneinander stehen, jeweils den Kopf auf Höhe des anderen Schweifes. So können sie sich gegenseitig die Mücken aus dem Gesicht verscheuchen.

Aufpasser

Zwar können Pferde sich auch im Stehen ausruhen, ab und zu müssen sie sich aber auch hinlegen und tief schlafen können. Damit ein Pferd in Ruhe schlafen kann, braucht es Freunde: Es legt sich nie die ganze Gruppe gleichzeitig hin, sondern ein oder zwei Pferde bleiben stehen und halten Wache. Ein Fohlen kann sich natürlich immer ausruhen, wenn es müde ist – es hat ja seine Mama, die aufpasst!
Ein dösendes Pferd steht meist auf drei Beinen, ein Hinterbein ist angewinkelt, die Hufspitze aufgesetzt (das nennt man „schildern"). Das Pferd hat die Augen fast geschlossen, manchmal hängt die Unterlippe locker herab. Bei einem dösenden Pferd stehen die Ohren leicht zur Seite, es ist völlig entspannt. Sprechen Sie ein dösendes Pferd immer an, wenn Sie sich ihm nähern, es erschrickt leicht.

He Kumpel!

Pferde spielen gern miteinander. Manchmal raufen sie oder veranstalten Rennspiele, bei denen sie fröhlich bockend über die Weide galoppieren.
Im Spiel trainieren Pferde auf diese Weise alles, was sie im Ernstfall brauchen würden, deshalb sieht man besonders häufig junge Pferde miteinander raufen.

Ganz Aug' und Ohr

Als Fluchttiere sind Pferde auf eine gute Rundumsicht angewiesen. Sie müssen ihre Feinde frühzeitig erkennen, um schnell genug fliehen zu können. Ihre Augen sind deshalb anders aufgebaut als unsere. Die seitliche Lage ermöglicht ein größeres Blickfeld.

Aber auch die anderen Sinne des Pferdes sind sehr gut ausgeprägt. Das Gehör und der Geruchssinn von Pferden sind wesentlich besser als bei uns Menschen. Pferde erkennen ihre Freunde unter anderem am Geruch wieder – sich zu beschnuppern gehört zum Begrüßungsritual.

Ich seh' dich!

Pferde können rund um sich herum gut sehen, nur das, was sich genau vor ihrer Nase oder direkt hinter ihnen befindet, erkennen sie erst, wenn sie den Kopf drehen. Wie scharf ein Pferd die Dinge sieht, hängt von der Entfernung ab. Aus diesem Grund weichen Pferde manchmal vor etwas zurück, das genau vor ihnen ist. Sie können es dann besser erkennen.

Durch die seitliche Anordnung der Augen hat jedes Pferdeauge sein eigenes Blickfeld. Die Informationen, die das Gehirn erhält, werden auch getrennt verarbeitet.

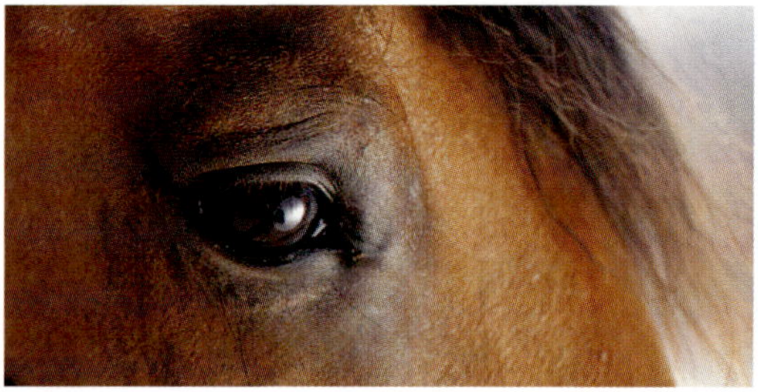

Alles im Blick

Mit ihren großen Augen können Pferde auch in der Dämmerung und in der Nacht sehr gut sehen. Im Gegensatz zu unserem menschlichen Auge hat das Pferd in der Netzhaut viel mehr lichtempfindliche Stäbchen, die wie ein Spiegel wirken und die einfallende Lichtmenge verdoppeln.

Pferde sehen zwar im Dunkeln recht gut, können dafür aber nicht alle Farben voneinander unterscheiden. Welche Farben sie wirklich erkennen, ist noch nicht völlig erforscht. Man vermutet, dass sie Rot, Gelb und Blau unterscheiden können.

Schalltrichter

Pferde hören sehr gut. Auf Stimmen und Geräusche reagieren sie viel früher als Menschen. Selbst beim Dösen oder Fressen nehmen Pferde interessante Geräusche sofort wahr. Sie erforschen diese Geräusche, indem sie den Kopf heben und die Ohren spitzen.
Die Ohren des Pferdes sind sehr beweglich. Es kann sie durch viele Muskeln unabhängig voneinander in fast alle Richtungen drehen. So kann genau lokalisiert werden, woher ein Geräusch kommt.
Die Ohrmuscheln sind deshalb immer in die Richtung gedreht, aus der etwas zu hören ist, ganz gleich, ob das vor, neben oder hinter dem Pferd ist. Es dreht meistens den Kopf oder sogar den gesamten Körper in Richtung der Geräuschquelle, um sich etwas Spannendes genau anzusehen.

WUSSTEN SIE?

- Pferde haben ein gutes Gehör und können damit auch Stimmen und Wörter unterscheiden. Das können wir nutzen, um uns den Umgang mit Pferden zu erleichtern. Wir können verschiedene Kommandos trainieren: „Komm!“, „Steh!“ oder „Huf“ kennt sicher fast jedes Pferd. Aber auch beim Reiten oder bei der Arbeit an der Longe helfen Worte, sich mit dem Pferd besser zu verständigen. Viele Schulpferde galoppieren an, wenn der Reitlehrer „Galopp“ sagt, ohne dass der Reiter andere Hilfen gibt.
Die Stimme kann man auch einsetzen, um aufgeregte Pferde zu beruhigen oder faule Pferde aufzumuntern.

Neugier

Pferde sind sehr neugierig. Selbst wenn sie vor etwas Unbekanntem fliehen, bleiben sie doch oft nach wenigen Metern wieder stehen und drehen sich um, um den unbekannten Gegenstand anschließend zu beschnuppern.
Im Alltag mit uns Menschen müssen Pferde lernen, nicht vor jeder vermeintlichen Gefahr zu erschrecken. Wir können ihre angeborene Neugier nutzen, um sie mit vielen verschiedenen Dingen vertraut zu machen. Je mehr Pferde sehen und erleben, desto eher bleiben sie auch bei neuen „Gefahren" ruhig.
Allerdings ist die Fluchttendenz auch ein wenig rasseabhängig: Sensible Vollblüter neigen eher zu spontaner Flucht als gemütliche Kaltblüter.

Anschauungsunterricht

Alles, was Pferde nicht kennen, müssen sie in Ruhe betrachten. Dabei legen sie oft den Kopf ein wenig schief, weil sie das, was genau vor ihnen ist, nicht scharf sehen. Wenn sie sich alles angeschaut haben, dann verliert auch der unbekannte Pferdehänger schnell seinen Schrecken. Schließlich sind Pferde so neugierig, dass sie sich leicht überreden lassen, alles genau in Augenschein zu nehmen.

Das große Flattern

Das ist eine einfache und gute Übung, um das Vertrauen zwischen Mensch und Pferd zu stärken: Um das Hindurchgehen durch die Flatterbänder oder den Windschutz zu üben, hängt man den Vorhang erst einmal so auf, dass das Pferd hindurchsehen kann. Ein schmaler Durchguck, in dem keine Bänder hängen, genügt meist schon, damit sich das Pferd hindurch traut, weil es dann sieht, was auf der anderen Seite ist.

Keine Panik!

Ein Pferd, das vor etwas Unbekanntem zunächst davonrennt, reagiert ganz natürlich und seinen Instinkten entsprechend. In solchen Momenten darf man nicht wütend werden und mit dem Pferd schimpfen, sondern sollte besser ganz ruhig auf das furchterregende Ding zugehen oder -reiten und das Pferd ausgiebig schauen lassen. Dann beruhigt es sich meist sehr schnell.

Neu und aufregend

Pferde können lernen, dass es Dinge gibt, die für sie vielleicht ungewöhnlich, aber trotzdem nicht gefährlich sind.
Am besten übt man dies auf einem eingezäunten Reitplatz. Dort legt man unterschiedliche Dinge aus: Autoreifen, Plastikplanen, flatternde Absperrbänder usw.
Beim ersten Mal reicht es, wenn man mit einem dieser Gegenstände übt.
Mit Ruhe und Geduld nähert man sich dem unbekannten Objekt und zeigt es dem Pferd. Reicht dessen Neugier nicht aus, um das seltsame Ding aus der Nähe zu betrachten, kann man es auch mal mit einem Leckerbissen bestechen. So gewöhnen sich Pferde an ungewohnte Situationen. Sie entwickeln Vertrauen und reagieren auch gelassener, wenn ihnen später beim Ausritt etwas Außergewöhnliches begegnet.

Lebensraum Box

Der überwiegende Teil der Reitpferde wird in Einzelboxen gehalten. Das ist vielleicht praktisch, da man jedes Pferd dort individuell füttern kann und es immer greifbar ist. Aber ganz alleine und eingesperrt zu sein, entspricht überhaupt nicht den Bedürfnissen unserer Pferde.

Deshalb ist es wichtig, dass Pferde nicht hinter hohen Wänden stehen, sondern dass sie ihre Nachbarn wenigstens sehen und sie beschnuppern können. Außerdem müssen sie mit Artgenossen spielen und rennen können. Sie nur zum Reiten aus der Box zu holen, das genügt nicht.

Immer schön langsam

Führt man Pferde aus der Stallgasse nach draußen, sind sie oft sehr ungestüm. Man muss deshalb immer darauf achten, dass man das Pferd wirklich korrekt führt: Den Strick oder die Zügel sollte man in der rechten Hand halten (nie um die Hand oder einzelne Finger gewickelt!), und man tritt vor dem Pferd durch das Tor.

Die beste Kontrolle hat man, wenn man vor der Schulter des Pferdes geht, sodass es nicht nach vorne oder zur Seite wegspringen kann.

WUSSTEN SIE?

- Eine Box muss der Körpergröße des Pferdes angemessen sein. Als Grundregel gilt dabei folgende Formel: $(2 \times \text{Widerristhöhe})^2$.

Geschlossene Boxen gibt es auch mit einem Auslauf davor, das sind dann sogenannte Paddockboxen. Diese Paddocks sind mit einer festen Umzäunung versehen und mindestens so groß wie die Boxen selber. Sie ermöglichen den Pferden, an die frische Luft zu kommen, andere Pferden zu sehen, zu beschnuppern und sich ein wenig umzuschauen.

Da aber Paddocks zu klein sind, um sich richtig auszutoben, müssen auch Pferde, die in Paddockboxen leben, zusätzlich täglichen Auslauf haben. Dennoch sind Paddockboxen artgerechter als kleine, geschlossene Boxen.

Ausblick

Eine Box muss nicht zwangsläufig vergittert sein. Pferde fühlen sich wohler und sind meist auch viel ausgeglichener, wenn sie hinausschauen können und sehen, was um sie herum geschieht. Eine halbhohe Tür bietet ihnen diese Möglichkeit. Das beugt auch Langeweile vor!

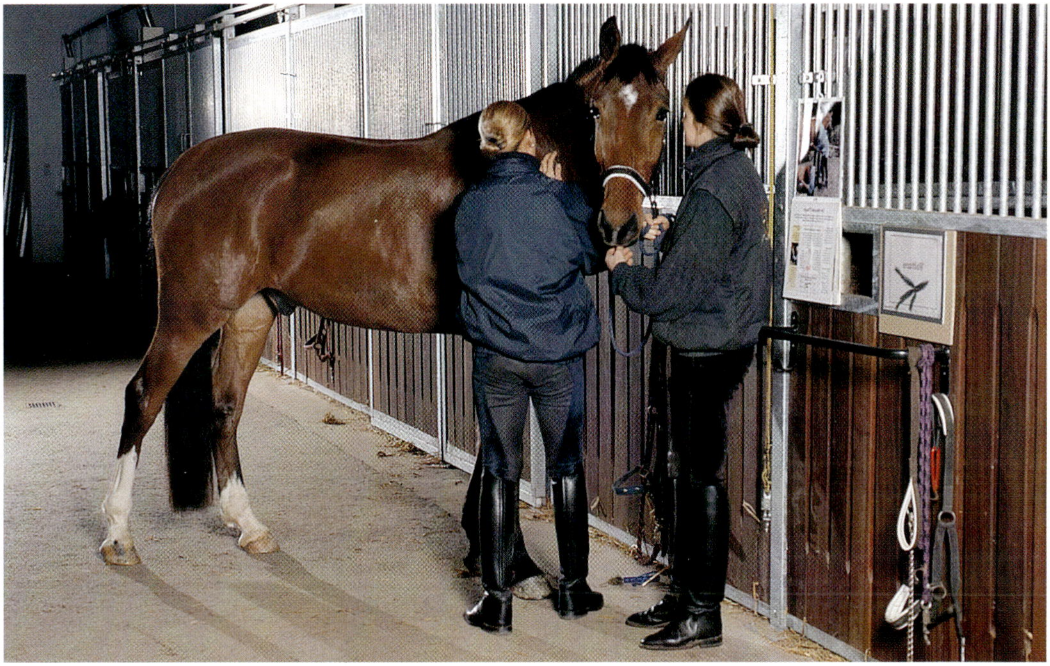

Platzbedarf

Eine Stallgasse muss immer so breit sein, dass zwei Pferde gut aneinander vorbeigehen können. Der Boden sollte rutschfest sein. Wenn die Boxen durch Gitter getrennt sind, dürfen diese Gitter nur so breit sein, dass kein Pferdehuf hindurchpasst.
Sind diese Voraussetzungen gegeben, lassen sich viele Unfälle vermeiden.

In der Herde

Da für das Herdentier Pferd Sozialkontakt und Bewegungsmöglichkeiten sehr wichtig sind, kommen Offenställe einer artgerechten Haltung am nächsten. In einem Offenstall können die Pferde selbst wählen, ob sie sich im Auslauf oder im Stallgebäude aufhalten wollen.

Damit ein Offenstall tatsächlich artgerecht ist, darf die Pferdegruppe aber nicht zu groß sein, sonst gibt es zu viele Rangeleien und die Pferde sind gestresst. Der Platz im Stall muss für alle ausreichen, und es muss genügend Möglichkeiten geben, dem Herdenchef aus dem Weg zu gehen.

Freundeskreis

Pferde fühlen sich in kleinen Gruppen am wohlsten. Vier bis sechs Pferde können sich meist problemlos einen Offenstall und einen Auslauf teilen. Größere Gruppen brauchen sehr viel Platz! Idealerweise stehen auf dem Auslauf ein paar Bäume, damit sich die Pferde bei großer Hitze auch in den Schatten stellen können.

Wer bist du?

Fohlen brauchen ebenfalls Gesellschaft. Es ist wichtig, dass sie außer ihrer Mutter auch noch andere Pferde kennenlernen. Um einem fremden Pferd zu signalisieren, dass sie noch ganz klein und lieb sind, kauen sie mit dem Maul. Das erwachsene Pferd akzeptiert diese Geste und reagiert darauf meist nachsichtig.
Fohlen sollten ruhig mit Pferden unterschiedlichen Alters aufwachsen, nur so können sie ein richtiges Sozialverhalten lernen und werden später zu umgänglichen Freizeitpartnern für den Menschen.

Miteinander

Am schönsten ist es für eine Pferdeherde immer noch auf einer Koppel: Hier können alte und junge Pferde gemeinsam laufen und sich bewegen, wie sie möchten.
Die braune Stute links führt die Gruppe an, sie ist schon über zwanzig Jahre alt und die Leitstute der Herde. Der einzige Wallach der Gruppe, der Araber, läuft hinter den Stuten her.
Damit verhalten sich diese Pferde wie eine Gruppe in freier Natur. Die erfahrenste Stute sucht das Futter und der „Hengst“ sichert die Gruppe.

WUSSTEN SIE?

- Auch in der Natur leben Pferde in kleinen Gruppen: Vier bis fünf Stuten und ein Hengst gehören meistens zusammen. Die Fohlen bleiben bei ihren Familien. Wenn sie alt genug sind, werden die jungen Hengste aber vertrieben und leben dann in sogenannten Junggesellengruppen, bis sie selber eine eigene Herde gründen.

Pferde verstehen

Wer mit Pferden richtig umgehen und sie erziehen will, muss ihr Verhalten kennen und verstehen. Dazu sollte man wissen, wie sie ihre Umwelt wahrnehmen und wie sie sich verständigen. Auch das Wissen um ihren Fluchtinstinkt und die Interpretation ihrer Körpersprache gehören dazu.

Pferde zu verstehen bedeutet für uns sozusagen eine Fremdsprache zu erlernen, die – ganz anders als unsere Sprache – auf oft sehr feinen Signalen beruht. Darin sind Pferde übrigens den Hunden ähnlich, die sich ebenfalls häufiger durch ihre Körpersprache als durch Laute miteinander verständigen.

Chefposition

Es gibt eine Reihe von Trainern, die bei ihren Trainings- und Ausbildungsmethoden auf Körpersprache setzen. Sie arbeiten mit den Pferden häufig in eingezäunten Round Pens und nutzen natürliche Verhaltensweisen und die Bereitschaft des Pferdes, sich unterzuordnen.

Bei solch einem Training wird das Pferd so lange vorwärts geschickt, bis es nicht mehr flieht, sondern sich freiwillig zum Trainer hinwendet, ihm folgt und ihn somit als Leittier akzeptiert.

Diese Art der Arbeit ist aber nicht unbedingt zum Nachmachen geeignet. Man muss die Signale, die das Pferd aussendet, richtig deuten können und die eigene Körpersprache gut im Griff haben. Wer hier Fehler macht, kann sein Pferd nachhaltig erschrecken und es sehr verunsichern.

Fluchttier

Um Pferde zu verstehen und sie richtig zu erziehen, muss man lernen, warum sie viel Bewegung brauchen und warum sie beispielsweise bei Gefahr fliehen und auf uns Menschen deshalb oft so schreckhaft wirken. Weiß man um diese Dinge und stimmt das Verhältnis zwischen Pferd und Mensch, lassen sich etliche Gefahrensituationen entschärfen.

Klartext

Schau mir in die Augen: So ein freundliches Pony ist das ideale Pferd, um uns viel beizubringen. Es ist klug und geduldig mit uns Menschen!

Aber es erwartet wie alle Pferde eindeutige Signale von uns, wenn wir etwas von ihm wollen. Schließlich kann auch das schlaueste Pony keine Gedanken lesen. Es lernt uns zu verstehen, wenn wir deutliche Signale geben: klare einfache Befehle, die wir mit einer eindeutigen Stimmlage und Körpersprache unterstützen.

„Bitte, nun geh doch endlich einmal ein Stückchen zur Seite ...“ – diesen Satz wird kein noch so liebes Pferd befolgen. Wenn wir uns aber vor das Pferd stellen und es mit Hilfe eindeutiger Körpersignale zurückschicken, weiß es viel schneller, was wir von ihm wollen.

Mit Pferden sprechen

Pferde „sprechen“ nicht viel, sie wiehern sogar eher selten. Die Verständigung läuft – ganz im Gegensatz zu uns Menschen – weniger über die Lautsprache, sondern viel mehr über die Körpersprache.
Pferde sind aber auch sehr sozial und können gut hören. Sie lernen, unsere Sprache und vor allem unseren Tonfall zu verstehen und wissen oft, was wir von ihnen wollen. So begreifen zum Beispiel schon Fohlen, was es heißt, wenn der Mensch „Huf“ sagt – und heben brav einen Fuß. Oder sie gehen rückwärts, wenn wir „zurück“ sagen. Die Voraussetzung dafür ist aber, dass wir ihnen mit viel Ruhe und Geduld beigebracht haben, was wir von ihnen wollen: Von Geburt an verstehen Pferde unsere Sprache nämlich nicht!

Ich versteh' dich

Pferde sind aufmerksame Zuhörer und bemühen sich in der Regel auch, uns zu verstehen.
Sie lernen, dass unsere Stimme Gefühle vermittelt und lobt oder tadelt, wenn das Pferd aus unserer Sicht etwas richtig oder falsch gemacht hat.
Wer mit seinem Pferd spricht, muss immer daran denken, dass es erst begreifen muss, was wir ihm sagen. Pferde können durchaus lernen, einzelne Worte, Kommandos oder unseren Tonfall zu verstehen. Aber zunächst einmal ist ihnen das, was wir sagen, völlig fremd. Wie schnell Pferde lernen, erkennt man häufig bei Schulpferden. Wer hat nicht schon einmal erlebt, dass das erfahrene Schulpferd auf das Kommando „Abteilung im Arbeitstempo Trab“ wie von selbst angetrabt ist?

Brav!

Loben Sie Ihr Pferd, wenn es etwas richtig macht und beispielsweise brav anhält oder ruhig stehen bleibt.
Die meisten Pferde haben gelernt, dass ein freundliches Wort bedeutet, dass wir mit seinem Verhalten zufrieden sind. Aber reden Sie bitte nicht ununterbrochen auf Ihr Pferd ein. Ganze Sätze kann es nämlich nicht verstehen.

Ohne Worte

Mit Pferden kann man sich auch lautlos verständigen. Schauen Sie Ihr Pferd an und beobachten Sie, was es tut. Schaut es neugierig und interessiert? Oder fürchtet es sich gerade?
Streicheln sie es sanft, wenn Sie es beruhigen wollen. Wenn Sie es gelernt haben, können Sie auch eine sanfte Ohrmassage durchführen. Am Ohr befinden sich Druckpunkte, deren Berührung entspannt.

WUSSTEN SIE?

- Pferde hören nicht nur unsere Worte, sie „lesen" auch unsere Körperhaltung: Wer sich klein und ängstlich an ein Pferd heranschleicht, vermittelt keinen Respekt! Und wer hoch erhobenen Hauptes direkt auf ein Pferd zuschreitet, der kann damit rechnen, dass es ihm ausweicht. Wenn jemand so ranghoch wirkt, muss das Pferd instinktgeleitet zur Seite treten.

Ohrenzeichen

Pferde haben ein sehr gutes Gehör, das sogar bis in den Ultraschallbereich reicht. Ihre Tütenohren können unabhängig voneinander in die Richtung des Schalls gedreht werden.
Die Stellung der Ohren sagt aber auch sehr viel über die Stimmung des Pferdes aus.

Nach vorne gestellte, gespitzte Ohren signalisieren Neugier und Aufmerksamkeit, nach hinten gelegte Ohren deuten eher auf Ablehnung hin.
Die Ohren zeigen aber auch an, ob das Pferd entspannt ist oder sich unter dem Reiter auf eine Aufgabe konzentriert.

Spannung

An den Ohren kann man gut erkennen, worauf sich ein Pferd konzentriert. Dieser Haflinger zum Beispiel ist extrem aufmerksam. Völlig gebannt schaut er nach vorne. Was er dort wohl hört?
Auch die Ohren sind nach vorne gerichtet. Das Pferd hat sogar vergessen zu kauen – da muss es etwas wahrlich Spannendes zu beobachten geben. Seien Sie deshalb darauf gefasst, dass das Pferd einen Satz zur Seite oder auf dem Absatz kehrt macht.

WUSSTEN SIE?

- Experimente haben ergeben, dass Pferde Musik mögen. Sie sollen aber ausgesprochen wählerisch sein und beruhigende Instrumentalmusik bevorzugen. Rockmusik scheint Pferden eher nicht so gut zu gefallen. Man sagt auch, dass Pferde rhythmische Geräusche und unterschiedliche Schritte unterscheiden können. Sie erkennen ihre Besitzer oft schon am Schritt – oder das Auto am Motorengeräusch, noch bevor es den Stall erreicht.

Geh weg!

Bleib mir bloß vom Leib!
Dieser Fuchs möchte nicht, dass man ihm näher kommt. Zu einem Pferd, das so deutlich mit angelegten Ohren droht, sollte man tatsächlich besser Abstand halten! Rechnen Sie damit, dass es möglicherweise beißt oder ausschlägt.

Beruhigend

Bei diesem Schimmel zeigen die Ohren zur Seite. Er wirkt sehr entspannt und genießt die Berührung durch seine Reiterin.
Weil er ihr vertraut, sind seine Ohren auch nicht auf „Hab Acht-Stellung". Er braucht die Umgebung nicht zu sichern, sein Mensch vermittelt ihm: „Es ist alles in bester Ordnung."
Pferde übermitteln einen Großteil ihrer Stimmungen mithilfe der Ohren. Seitlich stehende Ohren, wie hier, können zeigen, dass das Pferd döst. Unter dem Reiter signalisieren sie dagegen, dass das Pferd sich konzentriert.
Nach hinten gerichtete Ohren können sich auf ein Geräusch beziehen, aber in der Regel bedeuten sie Abwehr.
Und wenn die Ohren fast nicht mehr zu sehen sind und das Pferd schon die Zähne zeigt, dann ist es wirklich bereit, gleich zuzubeißen.

Lautäußerungen

Pferde äußern sich viel weniger über Laute als wir Menschen. Aber auch wenn sie nicht allzu oft wiehern, so gibt es doch ein ganzes Repertoire an verschiedenen Rufen: Wenn eine Stute ihr Fohlen ruft, klingt das ganz anders, als wenn sie ihren Reiter mit einem freundlichen Brummeln begrüßt.

Es gibt noch eine Menge anderer Laute, die nichts mit dem Wiehern zu tun haben: aufgeregtes Schnauben, Quieken usw. Wenn sie sehr große Schmerzen haben, stöhnen Pferde sogar, und in ganz extremen Fällen können sie vor Schmerzen regelrecht schreien.

Hallo

Lautäußerungen von Pferden werden durch die Körpersprache unterstützt. Die nach vorn gespitzten Ohren drücken bei diesem Pferd freundliche Neugier aus, es begrüßt ein bekanntes Pferd oder auch einen menschlichen Freund.

WUSSTEN SIE?

▸ Zur Lautsprache von Pferden gehört nicht nur das Wiehern. Typisch ist auch das erregte Schnauben in ungewohnter Umgebung, wie es zum Beispiel Araber oft zeigen, oder das entspannte Prusten, wenn ein Pferd nach einer Anstrengung oder nach der Aufwärmarbeit unter dem Reiter abschnaubt. Auch das ablehnende Quieken von Stuten ist eine pferdetypische Lautäußerung.

Mama, wo bist du?

Fohlen, die ihre Mutter verloren haben, rufen laut nach ihr. Auch die Stuten wiehern hell nach ihrem Fohlen, wenn die beiden getrennt sind. Das hat natürlich praktische Gründe: Stute und Fohlen erkennen sich am Wiehern, und so finden die Kleinen meist schnell zu ihrer Mutter zurück.

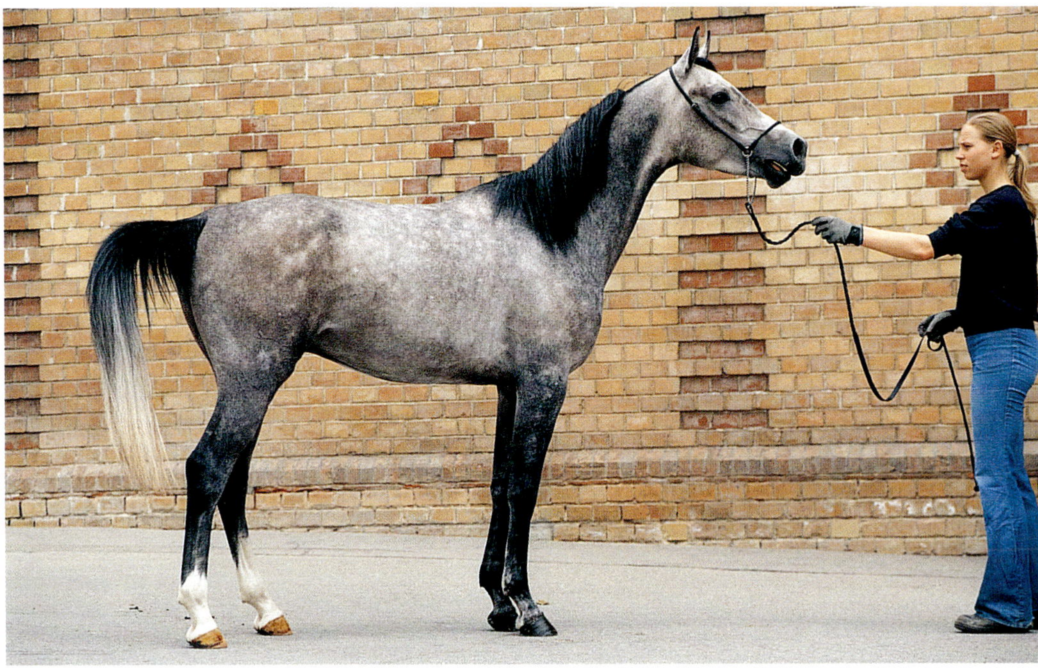

Hier bin ich!

Hengste wiehern viel häufiger als Wallache und Stuten. Sie sind sehr mitteilungsbedürftig, schließlich müssen sie allen potentiellen Konkurrenten und Stuten in der Umgebung kundtun, dass sie da sind!
Wenn eine Stute in der Nähe ist, geraten manche Hengste richtig außer Rand und Band und wiehern fast ununterbrochen.

Körpersprache

Bei Pferden zeigt der ganze Körper, was sie mitteilen wollen. So kann ein hoch aufgereckter Kopf und ein gewölbter Hals Aufmerksamkeit ausdrücken, erhabene Tritte zeigen Stolz und sollen imponieren. Ein Pferd, das den Kopf senkt und zurückweicht, zeigt sich dagegen seinem Gegenüber unterlegen.

Das Verständnis dieser Körpersignale ist die Grundlage für die Kommunikation der Pferde untereinander und mit dem Menschen. Nur wenn ich sehe, ob mein Pferd aufgeregt oder ängstlich ist, kann ich richtig reagieren und entsprechend auf das Pferd einwirken. Deswegen ist diese Kenntnis unentbehrlich für jede Erziehung.

Ach du Schreck!

Dieses Pferd weicht zur Seite aus, weil es mit dem Wasserstrahl nicht gerechnet hat. Es flieht aber nicht, weil es Wasser bereits kennt. An der entspannten Körperhaltung und dem Ohrenspiel sieht man, dass es nicht wirklich beunruhigt ist. Ein freundliches Wort von seiner Besitzerin genügt und es wird brav stehen bleiben.

WUSSTEN SIE?

▸ Auch durch die Schweifhaltung drückt ein Pferd Gefühle aus: Zufriedenheit wird durch einen ruhig getragenen Schweif, Unwohlsein oder Ängstlichkeit durch heftiges Schweifschlagen oder einen eingeklemmten Schweif signalisiert. Der hoch getragene Schweif wirkt imponierend – ihn sieht man meist zusammen mit stolzen, kadenzierten Trabtritten und einem hoch erhobenen Kopf. Drückt ein Pferd starkes Unwohlsein aus, ist es möglicherweise krank und sollte zum Tierarzt.

Ich bin ein Champion

Dieses Pferd ist stolz und übermütig. Kraftvoll galoppiert es, mit imponierend gebogenem Hals: „Seht, wie schön ich bin!"
Wer würde hier nicht beeindruckt sein?
Pferde imponieren anderen Pferden, um ihre Kraft und Größe zu demonstrieren – und um damit möglichst auch ohne Kampf zum Sieger zu werden.
Ein Pferd, das mit hoch erhobenem Kopf neben Ihnen her tänzelt, nimmt Sie nicht ernst und sollte besser erzogen werden.
Bodenarbeit mit Übungen, in denen es rückwärts oder seitwärts weichen muss, wären ein gutes Training.

Verzieh dich!

Der Schimmel zeigt seinem Artgenossen deutlich: Ich will, dass du gehst! Er hat keineswegs vor zu weichen, denn er ist ranghöher. Daher droht er, ohne selbst auch nur einen Schritt zur Seite zu gehen. Auf diese Weise macht er unmissverständlich klar, dass er diese Stelle und dieses Futter für sich beansprucht. Das zweite Pferd wird ausweichen.
Zwischen Pferden ist dieses Verhalten ganz normal. Ein gut erzogenes Pferd sollte einen Menschen aber niemals bedrohen. Als Mensch muss man immer ranghöher sein – schon aus Gründen der Sicherheit!

Erziehungs-Basics

Ein ungezogenes Pferd kann unter Umständen für den Menschen gefährlich werden. Wenn es nie gelernt hat, nicht nach Menschen zu schlagen oder sie zu beißen, hat es keinen Respekt. Ein solches Pferd ist natürlich nicht nur beim Reiten, sondern auch im normalen Umgang äußerst unangenehm und es macht viel Mühe, wenn es noch gelingen soll, ihm Manieren beizubringen.
Auch für den Tierarzt ist es sehr schwer, einem unerzogenen Pferd im Notfall zu helfen. Gerade in Stresssituationen werden solche Pferd dann besonders schwierig, und es kann fast unmöglich sein, lebensrettende Maßnahmen durchzuführen.

WUSSTEN SIE?

▸ Pferdeerziehung beginnt in jungen Jahren. Fohlen können schon in den ersten Lebenstagen lernen, sich überall vom Menschen berühren zu lassen. Ab der zweiten Lebenswoche bringt man ihnen vorsichtig bei, die Hufe zu geben. Auch an das Halfter gewöhnt man Fohlen möglichst früh. Natürlich geschieht dies alles mit viel Geduld und Einfühlungsvermögen.
Man sollte schon bei Fohlen auf einen konsequenten Umgang achten – auch wenn die Kleinen so niedlich sind.

Freundschaft

Mit einem gut erzogenen Pferd beschäftigt sich jeder gern. Ein harmonischer Umgang macht einfach Spaß! Dass diese zwei sich gut verstehen, das sieht man. Die Reiterin kennt ihr Pferd sicher seit vielen Jahren und weiß, dass sie ihm vertrauen kann.

Hab keine Angst!

Ein junges Pferd sollte die Gegenstände des Alltags in Ruhe kennen lernen dürfen. Das bedeutet, dass man ihm zum Beispiel neue Ausrüstungsbestandteile ruhig zeigt und es daran schnuppern darf. Mit einer Gerte kann man das Pferd spielerisch und vorsichtig abstreichen, damit es lernt, keine Angst vor ihr zu haben. Dabei sollte man mit dem Pferd sprechen und es loben.

Wohlerzogen

Ein gut erzogenes Pferd verhält sich auch in fremder Umgebung ruhig. Man kann mit ihm beispielsweise auf einem Turnier grasen gehen, ohne dass es aufgeregt herumzappelt oder ununterbrochen nach seiner Herde wiehert.
Auch im Frühjahr ist es praktisch, wenn ein Pferd sich beim Grasen gut benimmt. So kann man es an der Hand langsam an das frische Grün gewöhnen, ehe es wieder für längere Zeit auf die Weide darf.
Ein gut erzogenes Pferd lässt sich aber auch in der Tierklinik ausladen und untersuchen, ohne besonders unruhig zu sein.
Wenn das Pferd erst einmal gelernt hat, dass es seinem Besitzer vertrauen kann, kann er es fast überall hin mitnehmen: auch auf einen Ausflug zum nächsten Landgasthof!

Wie Pferde lernen

Wie wir Menschen auch, lernen Pferde durch Beschäftigung mit etwas Neuem und durch Wiederholungen. Das Pferd lernt, weil es gemerkt hat, dass dieses oder jenes besser funktioniert als die bisherige Strategie, das nennt man „Lernen durch Einsicht". Wichtig ist, dass man nicht endlos lange dasselbe übt. Dann erlahmt die Konzentration des Pferdes, es wird müde und macht Fehler. Besser sind kurze Übungseinheiten – und bitte immer aufhören, wenn es gut klappt!

Abwechslung

Zum Lernen gehört Erfahrung! Nur wer seinem Pferd die Möglichkeit gibt, mal etwas anderes zu sehen als den heimischen Stall, wird ein mutiges Pferd bekommen. Warum also nicht mal mit dem Pferd joggen gehen?

Nachahmung

Vor Wasser haben viele Pferde Angst. Es ist ihnen unheimlich, wenn sie nicht bis auf den Grund sehen können, manche haben aber auch eine generelle Abneigung gegen Wasser.

Pferde lernen durch Nachahmung. Wenn ein anderes Pferd ihnen zeigt, das von etwas Neuem keine Gefahr ausgeht, folgen sie gern. Dieses Verhalten kann man sich auch in vielen anderen Situationen zunutze machen: Lassen Sie ein erfahrenes Pferd vorausgehen.

WUSSTEN SIE?

▸ Pferde lernen, um ihr Leben zu optimieren, sie machen niemals etwas, um andere gezielt zu ärgern. Das gilt auch für die Momente beim Reiten, bei denen man denkt, das Pferd würde dieses oder jenes nur machen, weil es uns nicht ernst nimmt. Weit gefehlt! Das Pferd kann vielleicht aus körperlichen Gründen nicht anders handeln oder es hat uns falsch verstanden. Und wer hat dann wohl den Fehler gemacht?

Aufmunterung

Landwirtschaftliche Geräte können wirklich schrecklich aussehen! Sie sind laut, sehr groß und womöglich bewegen sie sich auch noch. Pferde fürchten sich häufig davor. Aber wenn sie sich das seltsame Gefährt in Ruhe ansehen können, dann lernen sie schnell, dass so ein Traktor oder ein Anhänger gar nicht gefährlich ist. Beruhigende Worte und ein gelassener Reiter ermutigen das Pferd. Hat man im Laufe der Zeit einige solcher Situationen gemeinsam gemeistert, stärkt das das Vertrauen.

Wiederholung

Hängerfahren fällt einigen Pferden ausgesprochen schwer und ist ein häufiges Problem für Pferd und Reiter. Dabei hat es auch sehr viel mit Routine zu tun: Das erste Mal in diesen großen Kasten zu gehen, das ist schon seltsam. Aber auch hier hilft ein erfahrenes Pferd, das schon im Hänger steht, dem Neuling über seine Angst hinweg. Auch an das Fahren selbst muss sich ein Pferd erst gewöhnen. Das komische Schaukeln im Hänger ist nämlich eine ungewohnte Erfahrung.

Pferde motivieren

Jeden Tag das Gleiche, immer dieselben Runden drehen oder wieder und wieder eine Dressurlektion üben – motivierend ist das wirklich nicht! Zur Motivation gehört für Pferd und Mensch Abwechslung! Wir wollen ja auch nicht jeden Tag die gleichen Übungen reiten oder immer die gleichen Fernsehfilme sehen.

Wenn man beginnt, sich zu langweilen, wird man unkonzentriert – und lernt nichts mehr. Das gilt für Pferde ebenso wie für uns. Deshalb ist eine unserer wichtigsten Aufgaben bei der Gestaltung der Pferdeausbildung das Schaffen von neuen Anreizen. Zeigen Sie Ihrem Pferd etwas Neues und fördern Sie so seine Intelligenz.

Tapetenwechsel

Raus ins Gelände: Das motiviert ein Pferd oft ungemein! Pferde, die in der Bahn unkonzentriert sind und keine rechte Lust mehr haben zu laufen, wachen draußen auf! Und steigen Sie ruhig mal ab – das tut nicht nur dem Pferd gut.

WUSSTEN SIE?

▸ Positive Bestärkung motiviert ein Pferd: Es bekommt für ein Verhalten eine Belohnung und wird deshalb diese Handlung wieder ausführen, um die Belohnung zu erhalten. Oder einfach gesagt: Wenn ich meinem Pferd ein Leckerli dafür gebe, dass es den Kopf gesenkt hat, dann ist das eine positive Verstärkung.

Man kann diese positive Verstärkung auch mit einem Geräusch verbinden, beispielsweise durch einen Clicker. Mit diesem Hilfsmittel lassen sich manche Pferde sehr gut trainieren.

Das Geben von Leckerli ist nicht ganz unumstritten: Beginnt das Pferd zu betteln oder zu beißen, sollte man es lieber durch Streicheln oder mit freundlichen Worten belohnen.

Nun schau doch mal!

Auch das gehört zum Motivieren: Neues erleben und sehen! Je mehr ein Pferd sieht und erlebt, desto aufgeschlossener ist es seiner Umwelt gegenüber. Um ein Pferd an etwas Neues zu gewöhnen, braucht es viel Lob. Diese Belohnung wirkt motivierend und das Pferd lernt, sich ungewöhnliche Dinge anzuschauen, statt zu fliehen.

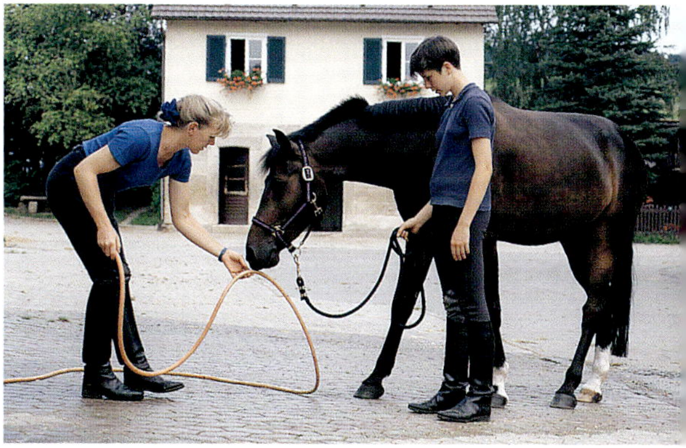

Mitarbeit

Bodenarbeit macht Pferden oft richtig Spaß. Sie können etwas Neues lernen, ohne dass der Mensch auf ihrem Rücken sitzt. Verlagern Sie diese Bodenarbeit doch mal nach draußen! Eine grüne Wiese ist für Pferd und Mensch viel motivierender als ständiges Üben in der Reithalle.

Für die Bodenarbeit eignet sich fast alles, worüber ein Pferd gehen kann oder um was man ein Pferd herumführen kann.

Es kann lernen, über eine Plane zu gehen, sich gleichmäßig um Pylonen zu biegen, vorsichtig über eine Wippe zu laufen, einen Huf in einen alten Reifen oder auf einen Baumstumpf zu stellen, seitwärts über Stangen zu gehen oder rückwärts durch eine Gasse aus Stangen zu treten.

Sie können aber auch mit Ihrem Pferd Bushaltestellen oder Bierbänke anschauen gehen!

Vertrauen gewinnen

Das Vertrauen eines Pferdes muss man sich erst verdienen. Es vertraut dem Menschen, wenn er sich als souveräner Führer erweist, der es nicht in Gefahr bringt und auch nicht unbeherrscht reagiert. Pferde lernen durch Erfahrungen: Haben sie in unserem Beisein angenehme Erlebnisse, vertrauen sie uns. Empfinden sie aber Stress oder Schmerzen, beginnen sie sich zu fürchten.

Ruhe und Gelassenheit sind also die Zauberworte beim Umgang mit Pferden. Wer unkontrolliert reagiert, gewinnt nur schwer das Vertrauen eines Pferdes.

Verlässlichkeit

Auch unsichere, junge Pferde lernen schnell, dass ihnen nichts passiert, wenn ihr Mensch bei ihnen ist.

Junge Pferde kennen zunächst nur ihre Weide, ihre Herde und die Menschen, die mit ihnen umgehen: ihren Besitzer, vielleicht einen Tierarzt und den Hufschmied. Wenn sie alt genug sind, um geritten zu werden, kommen viele neue Menschen und neue Situationen dazu. Die Pferde lernen im Hänger zu fahren, müssen sich satteln lassen und werden in fremdem Gelände geritten.

Dies alles lernen junge Pferde nur dann, wenn sie die neuen Dinge in Ruhe kennen lernen dürfen und nicht erschreckt oder überfordert werden. Stress behindert das Lernen. Fühlen sich Pferde bedroht oder ist ihnen etwas gar zu unheimlich, reagieren sie mit dem typischen Verhalten eines Fluchttieres.

Nachgeben

Vertrauensvoll den Kopf zu senken ist für Pferde nicht selbstverständlich. Wenn sie den Kopf nach unten nehmen, können sie die Umgebung nicht beobachten, sie müssen sich darauf verlassen, dass sie bei uns in Sicherheit sind.

Dem Pferd beizubringen, den Kopf zu senken, festigt nicht nur das Vertrauen, sondern ist auch im Alltag sehr praktisch: Es ist nämlich viel einfacher, ein Pferd aufzuhalftern oder aufzutrensen, das freiwillig den Kopf senkt. Legen Sie dazu sanft die Hand ins Genick des Pferdes und üben Sie vorsichtig Druck aus. Sobald das Pferd den Kopf senkt, geben Sie nach und loben es.

Instinkte

Bei allem gegenseitigem Vertrauen – so dicht sollte man sich lieber nicht vor ein Pferd setzen. Selbst wenn man ein Pferd sehr gut kennt, kann man nicht sicher sein, dass es sich nicht erschreckt. Und dann wird jedes Pferd instinktiv einen Satz nach vorne machen – dabei kann es einen ungewollt böse verletzen.

Eine Flucht nach vorne ist eine ganz normale pferdetypische Reaktion. Um gefährliche Unfälle zu vermeiden, darf man nie vergessen, dass Pferde instinktorientiert handeln. Wer sein Pferd grasen lässt, muss stehen bleiben, damit er im Notfall schnell ausweichen kann.

Rangordnung

In einer Pferdeherde gibt es eine Rangordnung, die festlegt, wer „der Boss“ ist und bestimmt, wo es langgeht. Diese Rangordnung verändert sich, wenn neue Pferde in die Herde kommen. Es gibt dann häufig Raufereien, bis die Situation geklärt ist. Auch der Mensch als Bezugsperson für das Pferd muss seinen Platz in der Hierarchie manchmal erst beweisen.

Da man sich aber nie mit einem Pferd auf eine ernsthafte körperliche Auseinandersetzung einlassen sollte, müssen Pferde von Anfang an lernen, dass sie niemals nach einem Menschen schlagen oder beißen dürfen. Sie müssen wissen, dass sie uns nicht anrempeln sollen und lernen, beispielsweise auf ein Signal hin anzuhalten oder auszuweichen.

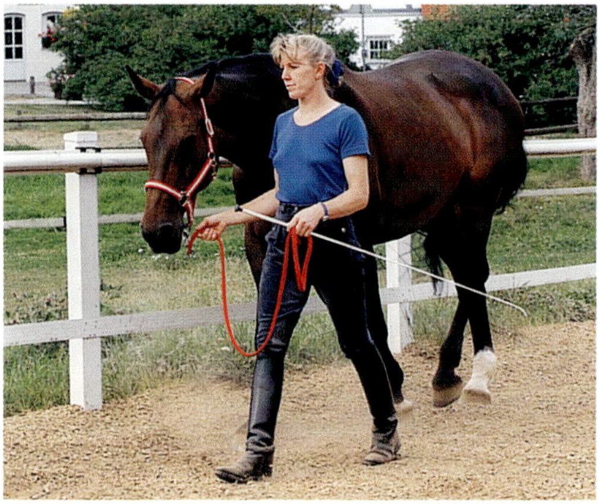

Wer ist der Chef?

Wie es um die Rangordnung bestellt ist, sieht man beim Führen. Deshalb sollte man das mit seinem Pferd in Ruhe trainieren. Die richtige Position eines Pferdes ist neben der Schulter des Menschen: Der Pferdekopf darf auf Ihrer Höhe sein, das Pferd sollte Sie aber nicht überholen. Wenn es zu weit hinten läuft, kann man es nicht mehr kontrollieren.

WUSSTEN SIE?

- Eine klare, souveräne Körperhaltung ist wichtig: Pferde verständigen sich untereinander durch Körpersprache. Auch unsere Körperhaltung nehmen sie bewusst wahr. Wer ein Pferd richtig führen will, muss sich ihm auch selbstbewusst verständlich machen: Ohne Hektik und Härte, sondern durch ruhiges, klares Auftreten, das nicht ängstlich oder aggressiv wirken darf. Straffen Sie die Schultern und gehen Sie aufrecht und gelassen, wenn sie selbstbewusst wirken wollen.

Drängler

Wer drängelt, nimmt seinen Menschen nicht ernst. Aber hier wird der Drängler in seine Schranken gewiesen und daran gehindert, den Menschen einfach beiseitezuschieben. Solche Übungen tragen dazu bei, die Hierarchie Mensch-Pferd klarzustellen. Sicherheitshalber sollte man beim Führtraining Handschuhe tragen. Bei sehr stürmischen Pferden ist eine Führkette oder eine Trense hilfreich.

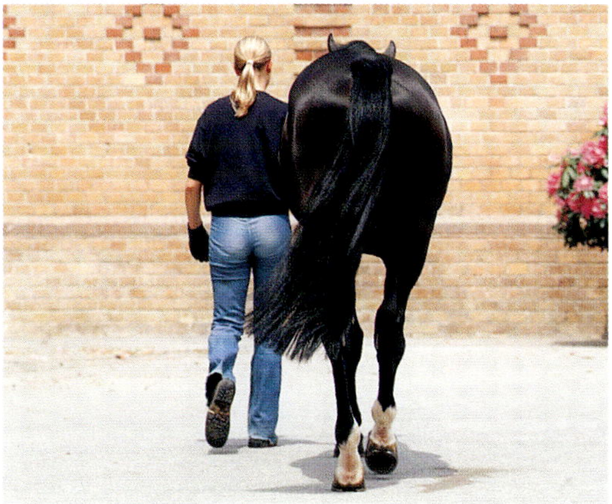

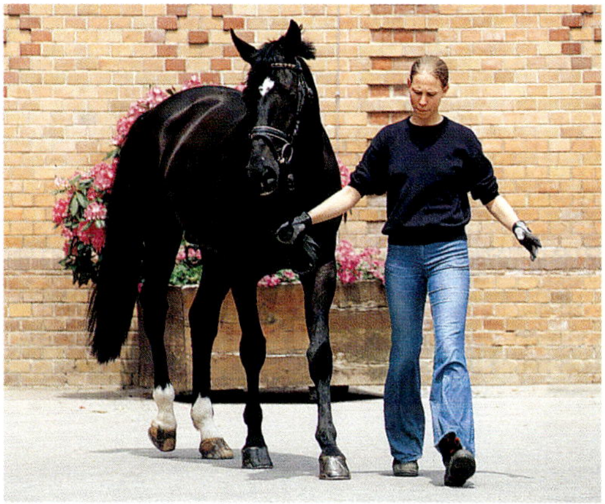

Klare Position

Immer schön hinter meiner Schulter: Das Pferd darf nicht vorbeilaufen. Das Vorstürmen eines Pferdes kann man durch das Hochhalten des Armes oder mittels Zeigen einer Gerte verhindern. Läuft das Pferd zu weit nach vorn, kann man es nämlich ebenfalls nicht mehr kontrollieren.

Kleiner Test

Auch in der Wendung sieht man, ob die Rangordnung geklärt ist: Das Pferd darf einen nicht abdrängen oder anrempeln, sondern muss ganz gesittet weiter in der richtigen Position laufen. Rempeln ist außerdem gefährlich: Nur zu schnell tritt einem das Pferd schmerzhaft auf den Fuß.

Unarten vermeiden

Als Unart oder Untugend bezeichnet man Verhaltensweisen, die zwar zum normalen Verhalten eines Pferdes gehören können, die aber im Umgang mit uns Menschen und beim Reiten unerwünscht sind.
Schlagen und Beißen gehören in einer Herde zum Alltag – sofern sie nicht übertrieben häufig ausgeführt werden.

Dass es Menschen niemals beißen oder schlagen darf, muss schon ein kleines Fohlen lernen. Auch Steigen oder Bocken sollte man gleich bei den ersten Versuchen unterbinden.
Unarten vermeidet man einfach und nachhaltig, indem man auf eine gute Grunderziehung achtet.

Benimmregeln

Respekt ist eine Grundvoraussetzung der guten Erziehung: Es ist wichtig, dass das Pferd ausweicht und sich seitwärts schicken lässt. Damit man nicht vergeblich gegen das viel stärkere Pferd drückt, berührt man es vorsichtig mit der Gerte und zeigt ihm, wohin es gehen soll. Weicht es aus, akzeptiert es unsere Rolle als „Chef".

Wer rechtzeitig mit so einem Grundtraining die Benimmregeln klärt, gerät auch nicht in die Situation, dass ein Pferd plötzlich nach einem Menschen schlägt oder versucht zu beißen. Das ist wirklich gefährlich!
Ein Kräftemessen mit einem aggressiven oder unerzogenen, auf jeden Fall aber viel stärkeren Pferd, verliert der Mensch auf jeden Fall. Darauf sollte man sich niemals einlassen.

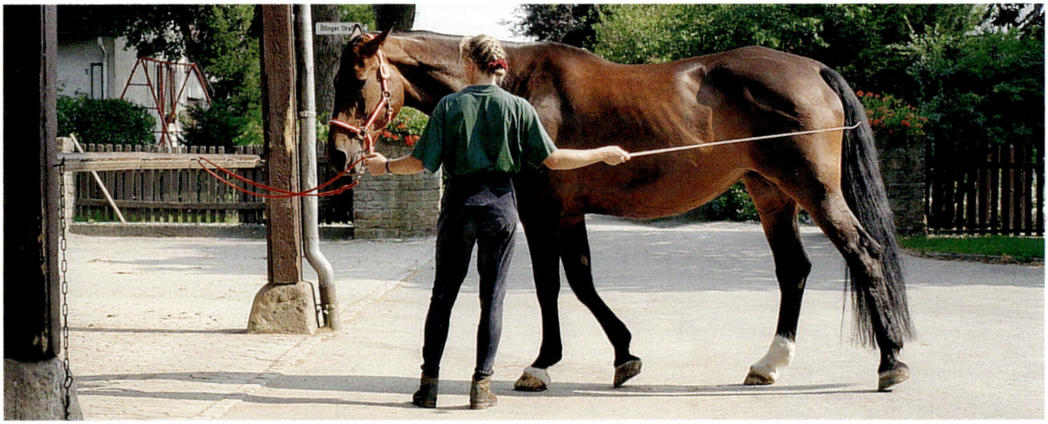

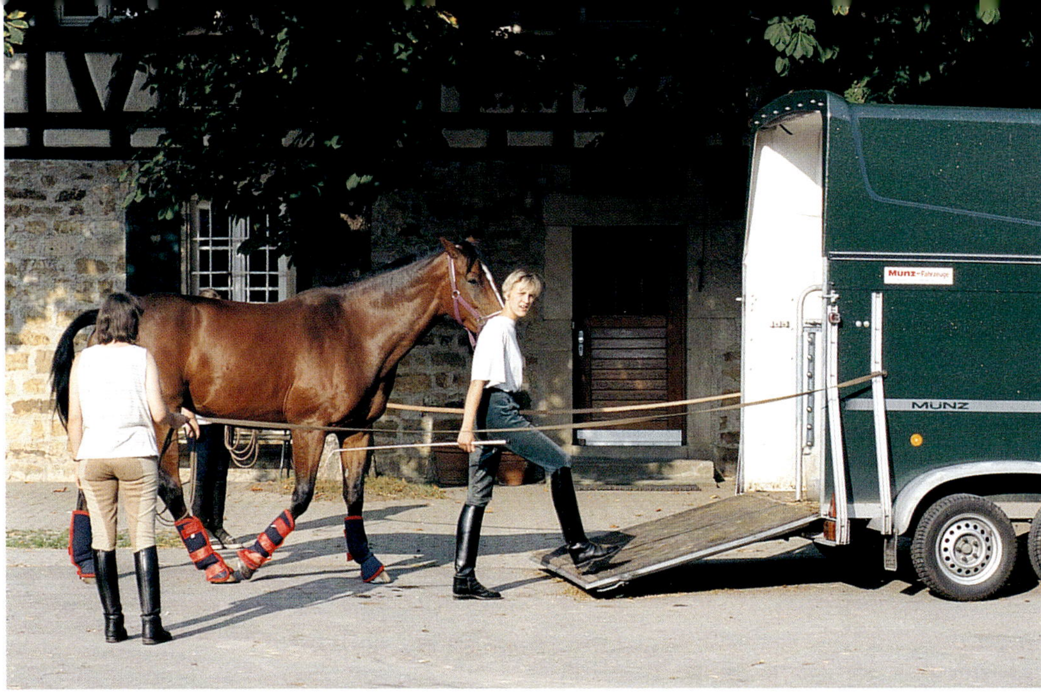

Transportprobleme?

Ein Pferd, das sich nicht verladen lässt, ist nicht nur ungehorsam, sondern es gefährdet im schlimmsten Fall sogar sich selbst, weil es im Notfall nicht in eine Tierklinik gefahren werden kann. Verladen und auch Fahren kann und muss man deshalb üben. Stress beim Verladen lässt sich vermeiden, wenn zwei umsichtige Helfer das Pferd mit Longen absichern und mit Ruhe auf den Hänger führen.

Betteln unerwünscht!

Wer sein Pferd aus der Hand füttert, muss damit rechnen, dass es auch auf eigene Faust einmal nachschaut, ob man ihm nicht etwas mitgebracht hat.
Unterbinden Sie freches Wühlen in den Taschen sofort, sonst fängt Ihr Pferd vielleicht morgen an, nach Ihnen und Ihrer Jacke zu schnappen – und das kann schmerzhaft enden!

Horsemanship

Horsemanship nennt man den partnerschaftlichen und artgerechten Umgang mit dem Pferd. Monty Roberts, Pat Parelli, Desmond Morris und andere machten den Begriff „Horsemanship“ bekannt. Aber pferdegerechter Umgang braucht nicht zwingend einen großen Namen, sondern sollte Bestandteil unseres Alltags sein. Die Western Horsemanship ist sogar eine Turnierdisziplin: In diesem Wettbewerb werden Hilfengebung und Sitz des Reiters beurteilt.

Harmonie

„Ich mag dich und respektiere dich.“ Das ist ein wichtiger Grundsatz eines pferdegerechten Umgangs im Sinne von Horsemanship. Denn nur, wenn ich ein Pferd auch wirklich achte und als vollwertigen Partner betrachte, kann ich es fair und artgerecht behandeln.

Fair heißt, ich verlange von meinem Pferd keine Leistung, die es nicht erbringen kann, indem ich seine Ausbildung und sein Leistungsvermögen berücksichtige. Artgerecht heißt, dass ich ihm eine Haltung ermögliche, die seinen Bedürfnissen entspricht. Dazu gehören immer Pferdegesellschaft und die Möglichkeit, sich ausreichend zu bewegen.

Vertrauen

Horsemanship bedeutet, sehr genau auf das Pferd zu achten und dafür zu sorgen, dass es einem vertrauen kann. Zu den einzelnen Übungen, die die jeweiligen Trainer für das Horsemanship vorschlagen, gehört oft das Treiben in einem Roundpen oder Zirkel, bis das Pferd sich dem Menschen zuwendet – auch hier ist es sehr wichtig, ganz genau auf die Signale des Pferdes zu achten. Wer ein Pferd einfach in die Runde scheucht, bis es nicht mehr kann, der handelt ganz sicher nicht im Sinne von Horsemanship. Ein richtiger Pferdemensch sieht genau, wann ein Pferd Angst hat oder erschöpft ist, und beruhigt es oder lässt es verschnaufen.

Tierschutz

Die Grundregeln des Horsemanship sind eigentlich nichts anderes als die Grundlagen jeglichen Tierschutzes: respektvoller, artgerechter Umgang und das Gebot, dem Pferd keine Schmerzen zuzufügen ergänzen sich.

Ein artgerechter Stall, eine passende und gepflegte Ausrüstung, eine fachkundige Fütterung und eine tierärztliche Versorgung des Pferdes sollten für jeden Pferdefreund und -besitzer selbstverständlich sein.

Mit Pferden im Alltag

Zum täglichen Umgang mit Pferden gehört nicht nur füttern, Hufe auskratzen und putzen, sondern auch das Führen oder Auf-die-Weide-bringen. Die meisten Pferde lassen sich problemlos putzen, aber das Auskratzen der Hufe ist manchen, vor allem jungen Pferden, häufig nicht ganz geheuer. Hufe geben müssen sie dennoch zuverlässig lernen, damit sie auch beim Schmied und Tierarzt wirklich kooperativ sind. Dass sie sich ruhig führen lassen und auf Verlangen still stehen, gehört zum Einmaleins der Pferdeerziehung.

Kontrolle

Für ein gut erzogenes, umgängliches Pferd sollte es selbstverständlich sein, sich untersuchen zu lassen. Es wäre schließlich fatal, wenn sich ein verletztes Pferd nicht behandeln ließe.

Ein Pferd, das Schmerzen und Angst hat, ist aufgeregt. Hat es schon früh gelernt, sich von Fremden berühren zu lassen, lässt es sich auch in kritischen Situation eher vom Tierarzt helfen .

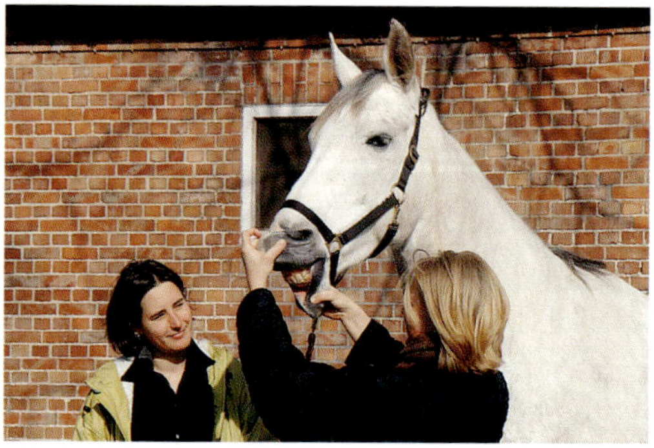

Warte!

Ruhig am Anbindeplatz zu warten, ohne zu zappeln oder sich gar loszureißen, gehört zu den grundsätzlichen Benimmregeln für ein Pferd. Nur wenn es gelernt hat, still zu stehen, kann man es gefahrlos putzen oder satteln.

Ein Pferd, das geduldig angebunden ausharrt, kann auch einen Moment unbeaufsichtigt stehen bleiben, zum Beispiel wenn man den Sattel aus der Sattelkammer holt.

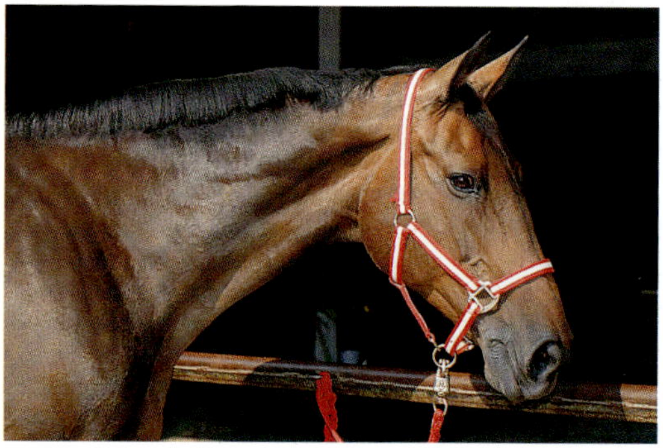

Gelernt ist gelernt

Das Auskratzen der Hufe übt man schon bei jungen Pferden. Zunächst genügt es, wenn man die Hufe immer nur kurz aufhebt und ruhig wieder abstellt, bevor das Fohlen zu zappeln beginnt. Kurze, aber regelmäßige Übungssequenzen erleichtern dem Pferd das Lernen.

Lässt sich ein Pferd die Hufe zuverlässig auskratzen, übt man dies auch an ungewöhnlichen Orten. Vielleicht muss man einmal im Gelände nachsehen, ob sich das Pferd einen Stein eingetreten hat.

Auch Satteln und Putzen sollte man an unterschiedlichen Plätzen üben, damit dies auf dem Turnier oder beim Wochenendausflug problemlos klappt. Dasselbe gilt für das Auf- und Absteigen. Sonst hat man im Gelände Probleme, wieder aufzusitzen, wenn man sein Pferd zwischendurch einmal führen musste.

Ist das eigene Pferd noch unerfahren, so hilft ein ausgeglichener Kumpel, die Nerven zu bewahren. Ruhe ausstrahlen sollte natürlich auch der Reiter: Wenn er selbst in ungewöhnlichen Situationen Sicherheit vermittelt, vertraut ihm auch das Pferd.

Aufhalftern

Das Aufhalftern gehört zum Alltag eines jeden Pferden. Egal ob es zum Putzen aus der Box geholt wird oder auf die Weide gebracht wird: Ein Halfter braucht es zunächst immer. Wenn das Pferd mit dem Halfter auf die Weide gebracht wird, sollte dieses gut passen. Ist das Halfter zu groß, kann sich ein Pferd schnell zum Beispiel an einem Weidezaunpfosten oder Ast verhaken oder beim Wälzen in das Halfter treten. Um diese Verletzungsgefahr auszuschalten, ist es besser, das Halfter auf der Koppel auszuziehen. Ist das nicht möglich, so kann man eventuell ein Halfter mit einem Klettverschluss benutzen, der sich im Notfall öffnet.

Bleib hier!

Zum Aufhalftern legt man am besten erst einmal den Führstrick, der am Halfter befestigt ist, über den Pferdehals. Dann kann das Pferd nicht einfach davonlaufen, weil es vielleicht doch noch ein wenig länger auf der Weide bleiben will. Wenn man dem Pferd dann eine Hand ins Genick legt, zeigt man ihm, dass es den Kopf senken soll.

Behutsam

Schieben Sie dann zuerst den Nasenriemen über die Pferdenase – ein gut erzogenes Pferd steckt den Kopf schon fast von selbst hinein – und dann das Genickstück über die Ohren. Seien Sie dabei vorsichtig, denn manche Pferde sind an den Ohren sehr empfindlich. Machen sie schlechte Erfahrungen, lassen sie sich ungern aufhalftern.

Alles zu?

Der Kehlriemen des Halfters wird von links geschlossen. Bei den meisten Halftern geht dies über einen einfacher Karabiner, den man nur einhaken muss. Manche Modelle haben auch eine richtige Schnalle.
Praktisch ist es, wenn man den Strick bereits am Halfter befestigt hat.
Im Alltag bewähren sich Halfter aus Nylon. Sie lassen sich schnell vom Schmutz befreien, indem man sie abbürstet. Für den Auftritt auf dem Turnier oder einer Schau darf es natürlich auch ein Lederhalfter sein.

Sitzt und passt

Das Halfter kann sich eigentlich nicht groß verdrehen oder verrutschen. Wenn es erst einmal zu ist, dann sitzt es auch sicher. Probleme kann es höchstens mit Knotenhalftern aus dünnem Seil geben, die man manchmal für die Bodenarbeit verwendet. Sie sind nicht einfach anzupassen, weil man die Knoten mühsam lösen und verschieben muss. Aber in der Regel werden sie nicht im Alltag verwendet. Sie haben auch eine stärkere Einwirkung auf das Pferd als die sonst üblichen breiten Halfter.

WUSSTEN SIE?

- Sensible Pferde mögen es nicht gern, wenn man ihnen das Halfter einfach über die empfindlichen Ohren zieht. Am besten, man klappt die Ohren vorsichtig nach vorn und hebt das Genickstück dann sachte darüber. Noch angenehmer sind Halfter, bei denen man das Genickstück über eine Schnalle an der Backe öffnen kann.

Anbinden

Pferde muss man praktisch täglich anbinden: zum Putzen, zum Satteln oder wenn der Hufschmied kommt. Deshalb ist es wichtig, dass sie wirklich ruhig und sicher stehen. Das kann man bereits mit jungen Pferden üben.
Schon Fohlen können lernen, eine kurze Zeit angebunden zu sein. Am leichtesten fällt es ihnen, wenn die Mama danebensteht und sie sich nicht so einsam fühlen. Aber Achtung: Das Fohlen sollte wirklich nur für wenige Minuten angebunden werden, sonst beginnt es womöglich herumzuzappeln oder lernt sogar, sich loszureißen. Daher muss man aufhören, solange es noch brav steht.

Zur Sicherheit

Pferde dürfen nur an sicheren Plätzen angebunden werden, die keine Verletzungsgefahr bergen. Am Anbindeplatz dürfen also keine Gegenstände herumstehen oder -liegen, gegen oder auf die das Pferd treten kann. Es darf auch nicht rutschig sein – die Gefahr, dass ein Pferd stürzt, wenn es sich erschrickt, ist sonst groß.

Ganz besonders muss man auch auf die richtige Stricklänge achten. Ist er zu lang, treten Pferde, vor allem wenn sie ungeduldig mit den Hufen scharren, leicht hinein und bekommen Panik. Andere schaffen es, den Kopf unter dem Strick hindurchzustecken und geraten dann ebenfalls in helle Aufregung. So können schlimme Unfälle passieren.
Aber Achtung: Zu kurz angebundene Pferde fühlen sich eingeengt und bekommen Angst.
Es gibt spezielle Haken, die zum Anbinden von Pferden besonders gut geeignet sind: Sie haben einen Sicherheitsverschluss, an dem man nur einmal ziehen muss, dann ist er offen. Wenn man einen solchen Panikhaken kauft, dann sollte man ihn zunächst ein paar Mal zur Probe öffnen und schließen. Manchmal gehen diese Haken nämlich so schnell auf, dass sie sich sogar von selbst öffnen.

Bloß nicht verknotet

Man sollte sein Pferd immer so anbinden, dass man den Knoten ganz schnell wieder aufbekommt. Da Pferde leicht erschrecken und dann unter Umständen in Panik geraten, wenn sie das Gefühl haben, festzuhängen, muss man den Anbindeknoten wirklich mit einem Griff wieder lösen können.

Für einen Sicherheitsknoten legt man zunächst eine Schlaufe und führt das Ende des Stricks hindurch. Dann zieht man durch diese Schlaufe eine oder mehrere weitere, die man zuziehen und im Notfall genauso rasch wieder lösen kann.

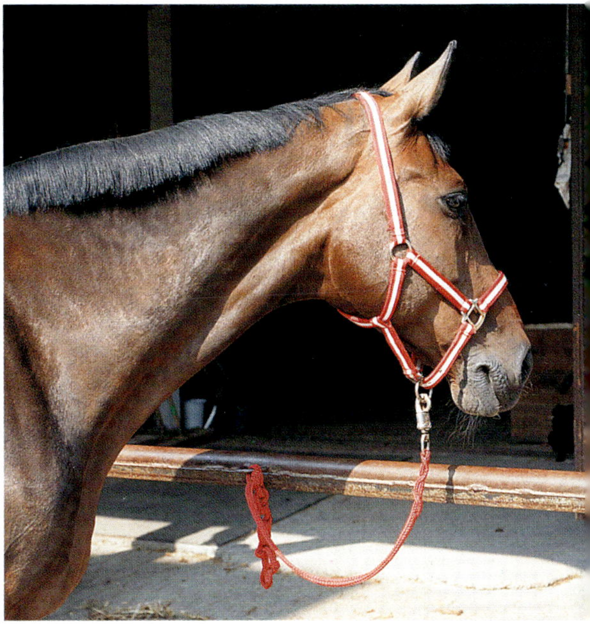

Abstand halten

Ein Pferd, das an einem sicheren Ort mit einem Sicherheitsknoten angebunden ist, sollte eigentlich längere Zeit ruhig stehen bleiben können. Voraussetzung ist aber auch, dass kein anderes Pferd dicht daneben angebunden wird. Sonst besteht die Gefahr, dass die Pferde sich gegenseitig anrempeln, beißen oder gar schlagen. Schnell kann es hierbei zu Verletzungen kommen! Wenn eines der beiden Pferde dann auch noch zu lang angebunden ist, kann es das andere regelrecht traktieren oder natürlich auch vorbeigehende Menschen oder Hunde schwer verletzen.

Führen

Beim Führen ist es unerlässlich, dass das Pferd den Menschen als ranghöher akzeptiert und willig mitgeht, ohne zu trödeln, zu drängeln oder gar den Menschen zu überholen. Sind hier die Positionen nicht geklärt, hat der Mensch schlechte Karten. Beginnt erst ein Ziehen und Zerren, verliert er das Kräftemessen in jedem Fall. Dabei ist die Gefahr groß, dass man selbst oder das Pferd verletzt wird.
Pferde führt man meist von der linken Seite an einem Strick, den man 20 bis 30 Zentimeter lang lässt. Aber auch das Führen von rechts sollte man üben.

Vorbildlich

Ein wohlerzogenes Pferd lässt sich ohne Probleme führen. Es geht quasi von allein im richtigen Tempo am lockeren Strick mit. Das Ende des Strickes nimmt man in die linke Hand. Niemals darf man sich aber eine Schlaufe um die Hand wickeln! Auch sollte man sein Pferd nicht gänzlich ohne Strick führen. Direkt am Halfter hat man zu wenig Einflussmöglichkeit auf das Pferd und auch keinerlei Spielraum, sollte es erschrecken und zur Seite hüpfen.

Abgesichert

Unruhige oder junge Pferde sollte man lieber mit Handschuhen und Gerte führen. Ziehen sie dem Führenden den Strick durch die Hand, verhindern die Handschuhe Verletzungen.
Man kann ein zappeliges Pferd auch mit einer Trense führen. Damit hat man bessere Einwirkungsmöglichkeiten als beim Führen mit Halfter und Strick.

Überholverbot

Wer zu weit hinten geht, riskiert es, von seinem Pferd überholt zu werden. Hier kommt das Pferd schon zu weit nach vorne und lässt sich schlecht bremsen. Damit gibt der Mensch die Kontrolle über das Geschehen aus der Hand, das Pferd ernennt sich quasi selbst zum Chef.
Richtig: Ermahnen Sie den Frechdachs mit der Stimme, halten Sie ihm die Gerte vor die Nase oder klopfen Sie damit auf die Brust des Pferdes.

Mindestgeschwindigkeit

Pferde, die sich zu weit zurückfallen lassen und sich so dem Einfluss des Menschen entziehen, kann man mit einem leichten Tick mit der Gerte etwas vorwärtsschicken, ohne dass man sich nach ihnen umdrehen muss.
Achten Sie darauf, dass Sie Ihr Pferd wirklich vorsichtig antippen, sonst macht es vielleicht einen plötzlichen Satz nach vorne.

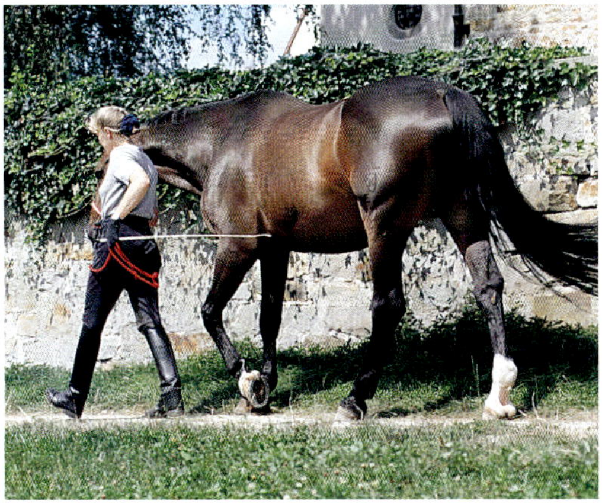

WUSSTEN SIE?

- Pferde, die sehr ungestüm sind, lassen sich mit einer Führkette leichter bändigen. Sie muss aber korrekt verschnallt sein und man darf nie grob an der Kette rucken. Damit sie gleichmäßig anliegt, wird die Führkette ins Halfter gefädelt und einmal um den Nasenriemen geschlungen. Man kann einem Pferd mit der Führkette Schmerzen auf dem empfindlichen Nasenrücken zufügen, weshalb man sich den korrekten Sitz und den richtigen Umgang mit ihr am besten vorher zeigen lässt.

Anhalten und Stehen

Anhalten und Stehen sind zwei Übungen, die sehr wichtig sind für einen gefahrlosen Umgang im Alltag. Ideal ist es, wenn das Pferd anhält, sobald der Mensch dies tut. Auch sollte es dann wirklich ruhig stehen und nicht herumzappeln.

Für ein Fluchttier ist dies gar nicht selbstverständlich, weshalb man das Stehen bereits mit jungen Pferden sorgfältig üben muss. Am besten geht das auf einem geschlossenen Reitplatz, sodass man keine Sorge haben muss, dass das Jungpferd sich vielleicht losreißt und davonläuft. Und natürlich lässt es sich besser mit einem Pferd üben, dass bereits Bewegung hatte und sich auf den Reiter konzentriert.

Steh!

Zum Anhalten des Pferdes zupft man leicht am Strick. Reicht das als Signal nicht aus, hilft vielleicht eine Gerte weiter. Wenn man sie vor die Pferdenase hält, bildet sie eine optische Grenze, hinter der die meisten Pferde freiwillig anhalten.

Ganz frechen Gesellen darf man auch mal auf den Nasenrücken klopfen. Dieses Signal kann man mit einem Stimmkommando kombinieren. Mit der Zeit wird der Einsatz der Gerte dann immer seltener nötig sein.

WUSSTEN SIE?

▸ Anhalten und Stehen lernen fällt Pferden mit Hilfe eines Stimmkommandos viel leichter, als wenn man nur versucht, sie über den Strick zu bremsen. Üblich sind die Kommandos „Halt“ oder „Steh“, die Fahrer benutzen oft „Brrr“ und die Westernreiter bremsen ihre Pferde mit einem „Whoa“. Welches Signal man selbst benutzt, ist nicht wirklich wichtig, es sollte nur immer das gleiche sein.

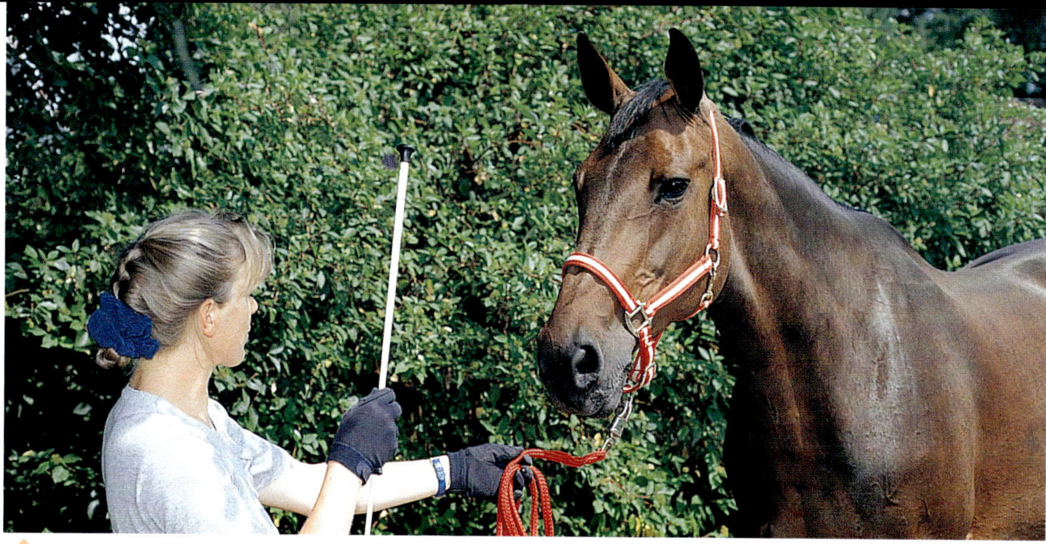

Gut gemacht

Wenn man möchte, dass ein Pferd nach dem Anhalten ruhig stehen bleibt, stellt man sich mit der leicht erhobenen Gerte vor das Pferd. So lernt es schnell, dass es nun nicht vordrängeln soll und wartet, bis es weitergeht. Dabei kann man gleich das Kommando „Steh“ oder „Warte“ einführen und das Pferd mit ruhiger Stimme loben, wenn es stillsteht. Lassen Sie das Pferd anfangs nicht zu lange warten.

Hier geht es nicht weiter

Wenn man ein Pferd mittels Körpersprache anhalten und es daran hindern möchte, an einem vorbeizustürmen, dann breitet man die Arme aus und macht sich ganz groß! Der Mensch muss klar ausdrücken: Hier geht es nicht weiter. Natürlich übt man dies nur auf einem eingezäunten Platz und nimmt anfangs sicherheitshalber eine Gerte zur Unterstützung hinzu.
Zur Not bremst ein Klapps mit der Gerte vor die Brust auch einen ungestümen Frechdachs.

Auf die Weide bringen

Weidegang gehört zu den allerwichtigsten Dingen für ein Pferd! Hier kann es fressen, mit Freunden toben, dösen oder sich die Mähne beknabbern lassen. Aber gerade weil sie sich auf die Koppel freuen, sind viele Pferde sehr ungestüm auf dem Weg dorthin – bestehen Sie deshalb immer darauf, dass Ihr Pferd sich auch hier wirklich diszipliniert führen lässt und nehmen Sie im Zweifelsfall einen Helfer mit.

Naschen verboten

Der Weg zur Weide führt oft schon durch verlockendes Grün. Achten Sie darauf, dass Sie den Strick nicht zu lang lassen, damit das Pferd nicht eigenmächtig anfängt zu grasen oder gar losbuckelt, weil es schneller auf die Wiese möchte.
Unterwegs sollte man das Pferd prinzipiell nie fressen lassen. Hat es sich das nämlich erst einmal angewöhnt, wird es nach Lust und Laune stehen bleiben, um zu grasen.

WUSSTEN SIE?

- Gerade wenn man Pferde am Eingang zur Koppel freilässt, neigen sie zum ausgelassenen Buckeln oder zum freudigen Ausschlagen. Drehen Sie das Pferd deshalb immer zu sich um, bevor Sie das Halfter ausziehen und es laufen lassen. Während es wendet, können Sie einige Schritte zur Seite machen.

Kumpels in Sicht

Sind die Freunde schon in Sicht, kennt so manches Pferd kein Halten mehr.
Üben Sie konsequent, notfalls mit einem Helfer, dass das Pferd sich dennoch geduldet, bis Sie ihm das Halfter ausgezogen haben und es auf die Weide entlassen. Steht dort schon ein „Empfangskomitee", sollte man aufpassen, nicht zwischen die Pferde zu geraten. Besser ist es, die wartende Horde auf Abstand zu halten, notfalls mit einer zusätzlichen Abtrennung, ehe alle in die heißgeliebte Freiheit stürmen.

Von der Weide holen

Verständlicherweise lassen sich die meisten Pferde nicht besonders gern von der Weide holen. Wenn der Mensch kommt, dann bedeutet das, dass es zurück in den Stall geht oder gar gearbeitet werden soll. Dabei ist es auf der Koppel doch viel schöner! Beachtet man ein paar Grundregeln, klappt das Einfangen aber bestimmt. Für besonders unlustige Kandidaten gibt es auch noch einen Tipp: Wartet regelmäßig ein Futtereimer mit ein paar Äpfeln, trennt sich so manches Pferd bereitwilliger von der „großen Freiheit".

Gehst du mit?

Pferde mögen es nicht, wenn man frontal auf sie zugeht. Sie fühlen sich auch nicht wohl, wenn man sie direkt anstarrt (Jäger fixieren ihre Beutetiere meist vor dem Angriff). Daher vermeidet man besser den unmittelbaren Blickkontakt und nähert sich seinem Pferd langsam von schräg vorne – etwa so, als wenn man auf einen Punkt an der Schulter zugeht. Dann legt man den Strick rasch um den Pferdehals – so kann einem das Pferd nicht mehr entkommen, während man es aufhalftert.

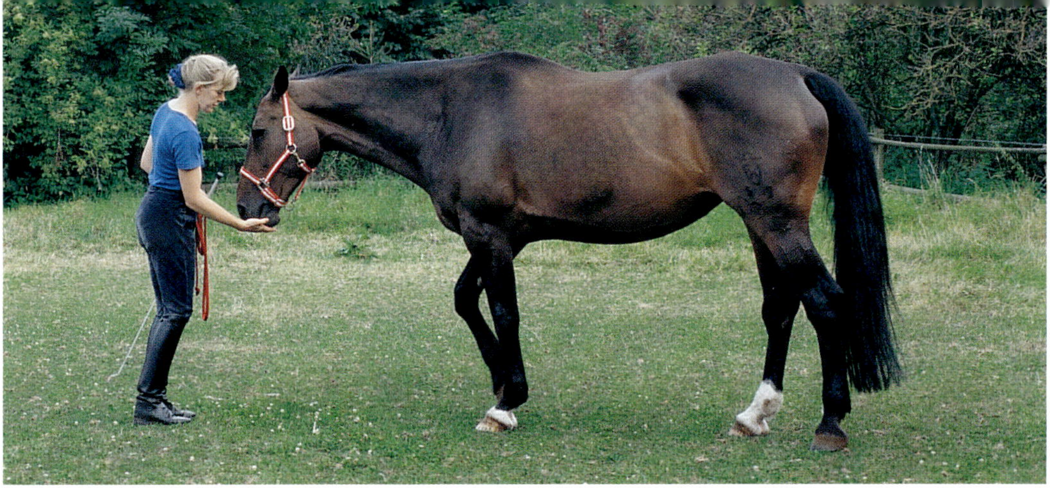

Dankeschön

Hat man sein Pferd sicher an Halfter und Strick, kann man es belohnen: Über ein Leckerli freut sich jedes Pferd und es wird sich beim nächsten Mal viel lieber einfangen lassen.

Aber Achtung, füttern Sie nicht auf der Koppel, wenn andere Pferde in der Nähe sind, sonst kommt es schnell zu einer Rauferei – und der Mensch steht womöglich mittendrin . Besser ist es zu warten, bis man sich außerhalb des Koppelzaunes befindet.

Kleiner Check

Wer sein Pferd von der Wiese holt, sollte es sicherheitshalber genauer ansehen: Hat es vielleicht mit einem Kumpel gerauft oder einen Kratzer von einem tief hängenden Ast abbekommen?
Beim Verlassen der Weide muss man natürlich auf den Rest der Herde achten. Nur zu gern kommt ein Pferdefreund mit durch das Tor getrottet, wenn der Kumpel notgedrungen geht. Verscheuchen Sie hartnäckige Artgenossen deshalb ruhig mit dem Strick oder der Gerte oder nehmen Sie notfalls einen Helfer mit..

Bodenarbeit

Bodenarbeit ist eine ideale Beschäftigung für Pferde jeden Alters und jedes Ausbildungsstandes.
Alte oder kranke Pferde, die man nicht (mehr) so viel unter dem Sattel arbeiten kann, kann man auf diese Art und Weise schonend bewegen, ihre Elastizität erhalten und ihnen neue Aufgaben und auch Herausforderungen bieten. Junge Pferde lernen viele Dinge leichter ohne das Gewicht des Reiters im Sattel und entwickeln die notwendige Muskulatur.
Arbeit vom Boden bietet Abwechslung, ist wichtig für die Grunderziehung und dient zudem der Gymnastizierung – auch von gesunden Pferden.

Targetstick und Clicker

Bodenarbeit kann man auf einem sicher eingezäunten Platz auch einmal ohne Halfter und Strick ausprobieren.
Manche Pferde lassen sich sehr gut mit dem Clicker trainieren: Das ist ein Knackfrosch, der ein Clickgeräusch von sich gibt. Das Pferd wird auf den Click konditioniert, indem man einmal clickt und ihm dann sofort ein Leckerli gibt. Dies wiederholt man, bis das Pferd verstanden hat, dass das Clickgeräusch ein Lob bedeutet.
Man kann das Clickern auch mit einem sogenannten Targetstick verbinden. Hier wird das Pferd belohnt, wenn es den Stab mit der Nase berührt.
Mit Hilfe von Targetstick und Clicker kann man das Pferd an neue Gegenstände heranführen. Es wird dann mit Click und Leckerli belohnt, wenn es sich beispielsweise den ungewöhnlichen Tonnen nähert.

Die Wippe

Mit Hilfe von Leckerlis lassen sich Pferde oft einfacher an neue Hindernisse heranführen, wie hier an die Wippe. Allerdings sollte man gut aufpassen, wenn man vor dem Pferd in die Hocke geht. Sollte es erschrecken, läuft man Gefahr, verletzt zu werden.

Besser ist es, das Pferd am Halfter zu führen und ihm die Wippe mit der Hand zu zeigen. Das Berühren der Wippe kann man mit einem Click und einem Leckerli belohnen. Dann wartet man, bis das Pferd bereit ist, die Wippe zu betreten.

Generell muss man bei der Wippe immer damit rechnen, dass das Pferd in dem Moment, in dem sie kippt, herunterspringt. Aber keine Angst: Die meisten Pferde lernen sehr schnell, dass von diesem Hindernis keine Gefahr ausgeht und finden Spaß an der wackligen Angelegenheit.

Stangenarbeit

Das Durchschreiten von Stangen – ohne sie zu berühren – ist nicht nur eine Übung für viele Trailaufgaben, sondern auch eine tolle Vorbereitung auf das Geländereiten.

Schließlich soll das Pferd im Wald ebenfalls auf den Boden achten und nicht über irgendwelche Äste und Wurzeln stolpern.

Um es über die Stangen zu lenken, muss das Pferd natürlich am Halfter geführt werden. Sollte es zu stürmisch sein, kann man es auch mit Hilfe einer Führkette dirigieren. Eine Gerte kann dazu dienen, es aufmerksam zu machen und ihm den Weg zu zeigen.

Man führt das Pferd möglichst ruhig und langsam über die Stangen. Es soll jeden Schritt bewusst machen und nicht achtlos über die Stangen hinwegstürmen. Am besten lässt man es immer wieder anhalten und erneut antreten.

Gepflegt und gesund

Putzen ist viel mehr als nur Saubermachen, das dem Pferd an sich nicht gerade viel bedeutet. Putzen ist auch Kontaktaufnahme, es dient der Massage und regt die Durchblutung der unteren Hautschichten an. Und natürlich: Bevor ein Pferd gesattelt und geritten werden kann, muss es gründlich geputzt werden, sonst scheuert das Lederzeug auf der Haut. Außerdem kann man das Pferd beim Putzen auf kleinere Verletzungen kontrollieren, man macht also gleichzeitig eine Art Rundum-Check und prüft, ob das Pferd wirklich gesund ist.

Putzstunde

„Da kommt mein Mensch mit dem Putzzeug!“ Die meisten Pferde mögen es gerne, wenn sie geputzt werden.

Beim Putzen lernt man sein Pferd besser kennen: Ist es kitzelig? Genießt es das Putzen oder ist das Pferd verspannt und will lieber nicht angefasst werden? Drückt es gar den Rücken weg? Dann sollte unbedingt der Sattel überprüft werden, da er höchstwahrscheinlich nicht richtig passt.

Körperkontakt

Putzen dient der Entspannung – von Mensch und Pferd! Man nimmt sich Zeit, stellt keine großen Erwartungen und krault so quasi nebenbei sein Pferd an dessen Lieblingsstellen.

Wer sich mit der chinesischen Medizin auskennt oder in entsprechenden Büchern nachschaut, kann dabei sogar Akupunkturpunkte massieren: Akkupressur kann Verspannungen lösen und Energien stärken.

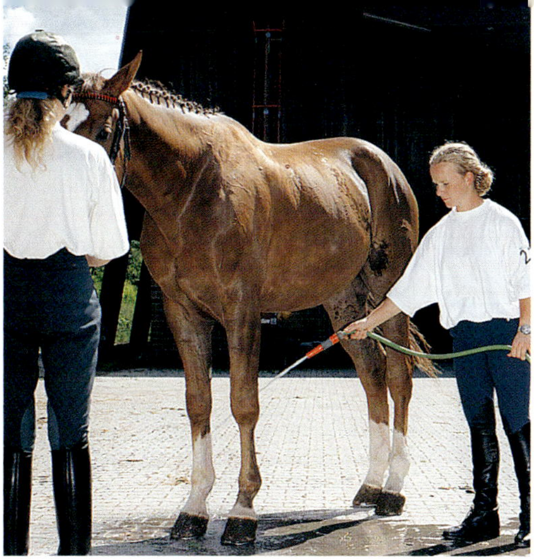

Frisch gewaschen

Bis es blitzt und blinkt: Richtig schick sieht das blankgeputzte Pferd aus, wenn man abschließend noch die Hufe wäscht und eventuell ein wenig mit Huföl einpinselt. Wirklich notwendig ist diese Art der Hufmaniküre allerdings nicht, da die wichtige Versorgung der Hufe mit Nährstoffen von innen erfolgt. Huföl und -fett sind also reine Kosmetik.

Traumpferd!

So sieht ein gepflegtes und gesundes Pferd aus: glänzend und voller Energie! Bei einem Pferd, dass so munter ist, kann man sich ziemlich sicher sein, dass es ihm gut geht!

Das Fell ist glatt und wird regelmäßig von toten Haaren befreit. Das sollte man übrigens auch bei alten Pferden, die wenig geritten werden, regelmäßig machen, sonst juckt ihnen irgendwann der Pelz! Sie haben häufig auch Probleme mit dem Fellwechsel,

Pferde putzen

Putzen – das ist Massage und Reinigung zugleich. Das Pferd wird zunächst vom groben Schmutz befreit, den es vielleicht vom Schlammbad auf der Koppel mitgebracht hat. Dafür kann man einen Striegel aus Metall oder Kunststoff nehmen. Bei langem Winterfell oder im Fellwechsel sind sogenannte Federstriegel ideal, die besonders gut den Schmutz aus den langen Haaren nehmen. Mit den harten Striegeln darf man aber nie über knochige Körperteile kratzen. Abschließend kann man das Pferd mit Noppenstriegel und Kardätsche bürsten, bis es glänzt.

Grundreinigung

Prinzipiell wird ein Pferd immer von vorne nach hinten geputzt. Man folgt der Wuchsrichtung der Haare und bürstet in der Regel nicht gegen den Strich.
Mit dem Striegel putzt man Hals, Bauch und Kruppe des Pferdes. Die größeren Flächen, wie zum Beispiel die Hinterhand, kann man mit kreisenden Bewegungen reinigen. Dort sitzen auch große Muskeln, die man so gleich mitmassiert.

WUSSTEN SIE?

▸ Auch das Langhaar muss gepflegt werden: Die Mähne wird sorgfältig gekämmt oder gebürstet. Der Schweif wird mit der Hand „verlesen“, dazu nimmt man die Haare und entwirrt sie mit den Fingern. Bürstet man den Schweif, dann reißt man viel zu viele Haare aus! Wenn ein Pferd zum Beispiel für ein Turnier hübsch gemacht werden soll, wird der Schweif gewaschen. Natürlich kann man bei gutem Wetter auch das ganze Pferd abspritzen, aber Vorsicht: Manche Vierbeiner wälzen sich gerade nach dem Waschen ausgiebig in der nächsten Schlammkuhle!

Die Beine kann man gut mit der Wurzelbürste säubern, sie ist nicht so hart und man muss keine Angst haben, an die empfindlichen Knochen zu stoßen.

Sanft und sauber

Die Stellen, an denen die Knochen direkt unter der Haut zu fühlen sind, werden vorsichtig mit der Wurzelbürste gereinigt. Die weichere Kardätsche nimmt anschließend den Staub aus dem Pferdehaar und sorgt dafür, dass das Pferd nach der Pflege richtig glänzt. Mit ihr säubert man auch vorsichtig den Kopf.
Manche Pferde lassen sich am Kopf nicht gern putzen. Bei ihnen muss man sehr behutsam vorgehen und erst einmal versuchen, eine Stelle zu finden, die ihnen eher behagt. Bei vielen Pferden ist es die Stirn, weit oben, direkt unter dem Schopf. So lernen auch sie mit der Zeit, das Putzen mit einer weichen Bürste im Gesicht zu genießen. Achten Sie nebenbei auch auf klare Augen, die keine Verklebungen aufweisen.

Für besondere Stellen

Mit Schwämmen – am besten besitzt man zwei, die man farblich auseinanderhalten kann – säubert man zum einen die Nüstern und zum anderen den Genitalbereich. Diese Schwämme muss man natürlich regelmäßig waschen, damit sie nicht verkeimen. Nach ein paar Monaten kann man die günstigen Schwämmchen auch entsorgen und sich neue kaufen. Dann gibt es sicher keine Probleme mit der Hygiene.

Hufpflege

Die Hufe werden mindestens zweimal täglich, am besten vor und nach dem Reiten, kontrolliert und ausgekratzt.
Steine oder Holzstückchen können sich im Pferdehuf festsetzen, und das kann unter Umständen sehr schmerzhaft für das Pferd werden.

Wenn das Pferd Hufeisen hat, ist das Hufeauskratzen auch eine gute Gelegenheit, die Eisen zu kontrollieren: Sitzen alle noch fest oder hat sich etwa ein Nagel gelockert?
Auch bei Pferden, die nicht geritten werden, müssen nach dem Koppelgang alle vier Hufe kontrolliert werden.

WUSSTEN SIE?

- Hufeisen müssen etwa alle acht Wochen erneuert werden, auch wenn sie vielleicht noch nicht durchgelaufen sind. In dieser Zeit ist der Pferdehuf so weit nachgewachsen, dass das Pferd seine Beine ungleichmäßig belasten würde. An der Zehe – also ganz vorn am Huf – wächst der Huf in der Regel am schnellsten.

Gib Huf!

Wie bekommt man nun eigentlich das Pferd dazu, die Hufe zu heben? Das ist gar nicht so schwer: Man tritt seitlich an das Pferd heran, stellt sich mit dem Blick zum Schweif auf, beugt sich runter und umfasst mit einer Hand das Bein, dessen Huf man kontrollieren möchte, und sagt laut und deutlich „Fuß“ oder „Huf“.

Wer unsicher ist, kann sich dies erst einmal von einem erfahrenen Reiter zeigen lassen. Bei ängstlichen Pferden hingegen kann es helfen, das Pferd auf wirklich sicheren Untergrund zu stellen. Rutschige Böden verunsichern besonders junge Pferde, die dann Angst bekommen hinzufallen. Sie haben es übrigens leichter, wenn sie sich beim Auskratzen der Hinterbeine ein wenig an eine Wand anlehnen können.

Braves Pferd

Damit das Pferd den Fuß hebt, fasst man das Bein oder klopft mit der Hand leicht dagegen. Hochheben kann man das Pferd aber nicht, es muss den Huf schon freiwillig geben!

Wichtig ist, dass Pferde Routine beim Auskratzen der Hufe bekommen. Dafür kann man immer die gleiche Reihenfolge einhalten: vorne rechts, hinten rechts, vorne links, hinten links.

Der Huf sollte so aufgehoben werden, dass man die Bewegungsrichtung des Beines einhält: Man darf das Bein also zum Beispiel nicht zu weit nach außen ziehen, das ist unangenehm.

Zum Säubern hält man den Huf unterhalb des Fesselgelenks fest. Zunächst reinigt man die Strahlfurchen, dann entfernt man vorsichtig den Schmutz von der Hufsohle. Am Strahl selbst kratzt man nicht.

Vorsicht, lebende Teile

Beim Hufeauskratzen bitte nicht zu stark kratzen, sonst wird womöglich die Hufsohle beschädigt. Der Huf besteht nämlich nicht aus totem Horn, sondern ist durchblutet und kann also auch verletzt werden. Besonders empfindlich ist der Übergang vom Fell zum oberen Rand des Hufes, der Kronenrand.

Wasserspiele

Wasser ist klasse! Man kann es trinken, sich damit abkühlen oder waschen. Das sehen Pferde manchmal aber etwas anders: Wasser hat eine komische Oberfläche, in der man sich spiegelt, ist in Pfützen seltsam undurchsichtig und kommt manchmal sogar aus schlangenähnlichen Plastikschläuchen. Da ist aus Pferdesicht natürlich Skepsis angesagt! Vielen Pferden ist Wasser deshalb erst einmal nicht ganz geheuer, aber auch sie werden mit etwas Geduld lernen, durch Bäche zu waten, sich abspritzen zu lassen oder aus fremden Eimern zu trinken.

Das riecht aber komisch!

Um ein Pferd an Wasser zu gewöhnen, zeigt man ihm am besten erst einmal ganz in Ruhe den Schlauch. Für die meisten Pferde ist nämlich schon allein der Gartenschlauch, aus dem noch gar kein Wasser kommt, erschreckend. Sie fürchten sich vor dem schlangenartigen Gebilde. Wenn sie sich den Schlauch aber erst einmal angesehen haben, findet ihn der Großteil der Pferde gar nicht mehr so schlimm. Nun kann man das Wasser anstellen und das Pferd vorsichtig daran schnuppern lassen.

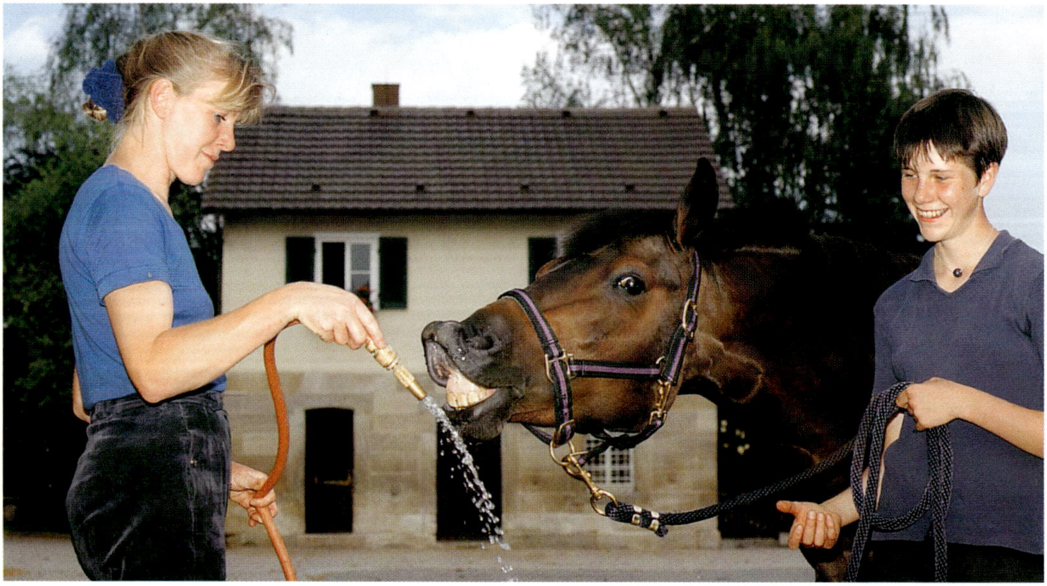

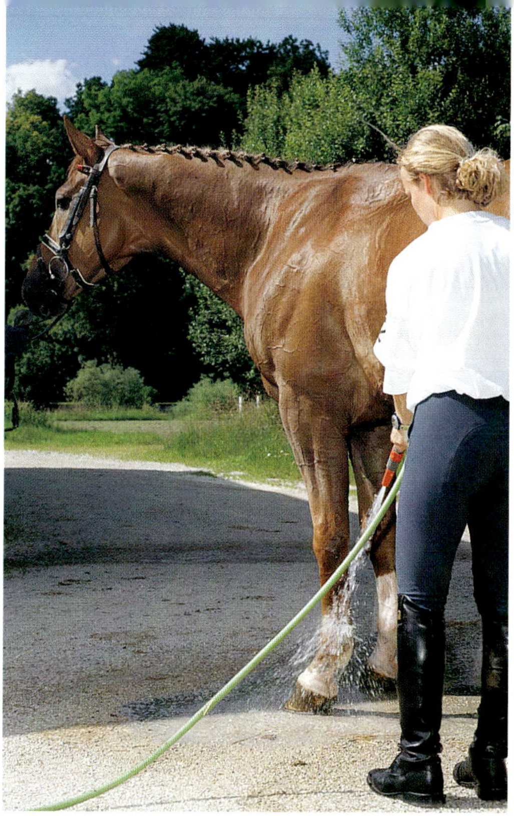

Fußbad

Haben Sie ein besonders anstrengendes Training mit Ihrem Pferd absolviert, kann es sinnvoll sein, die Beine zu kühlen, um Überanstrengungen des Sehnen- und Bänderapparates vorzubeugen. Fünf bis zehn Minuten zu kühlen hilft hier manchmal schon Wunder und verhindert Schwellungen.
Wenn man länger kühlen muss, gibt es Kühlbandagen, die ganz einfach angelegt werden können und einen optimalen Kühleffekt bewirken. Man kann aber auch Bandagierunterlagen nass machen und diese für zwei bis drei Stunden um das Pferdebein wickeln.

Wasser marsch!

Natürlich darf man ein Pferd nicht plötzlich und ohne Vorwarnung von der Seite mit Wasser bespritzen. Man beginnt langsam an einem Bein mit einem nicht zu harten Wasserstrahl, bevor man nach und nach das ganze Pferd abduscht. Das sollte man allerdings wirklich nur bei warmem Wetter tun, sonst ist die Gefahr, dass sich das durchnässte Pferd erkältet, zu groß.
Der Rücken ist beim Abspritzen aber immer tabu, insbesondere an der Kruppe und an der Hinterhand hält man das Pferd lieber warm.

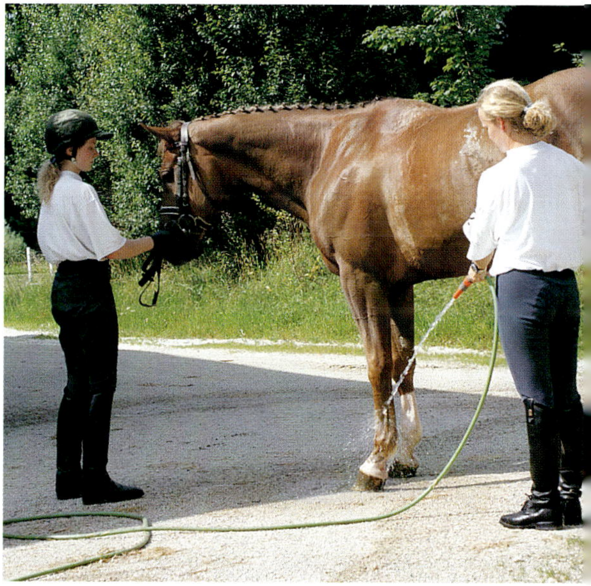

Einsprühen

Sprühflaschen scheinen einen besonderen Reiz auszuüben – zumindest auf uns Menschen, die wir alle möglichen Flüssigkeiten in Sprühflaschen einfüllen und verwenden. Pferde hingegen finden diese Flaschen meist weniger reizvoll. Sie sind misstrauisch und erschrecken schnell, wenn das Sprühgeräusch ertönt und noch dazu plötzlich etwas Nasses aus der Flasche kommt. Es lohnt sich aber, sie an dieses Geräusch zu gewöhnen, damit man im nächsten Sommer nicht wieder mit dem herumzappelnden Pferd da steht, nur weil man Fliegenspray benutzen wollte!

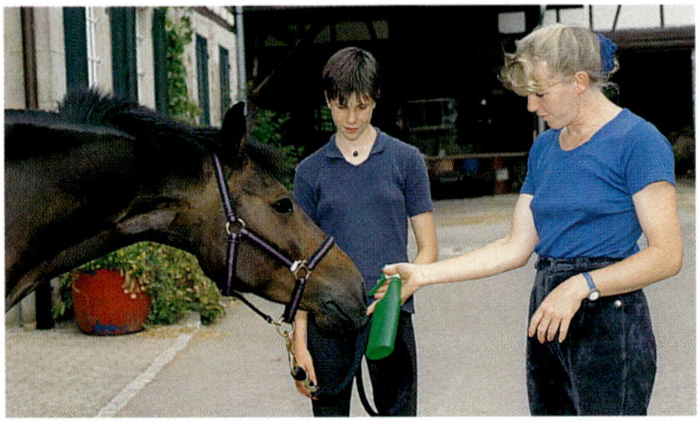

Vorsicht Sprühflasche!

Viele Pferde haben Angst vor der Sprühflasche. Egal, ob man mit dem Mähnenspray zum Entfilzen der Mähne oder mit dem Fliegenspray kommt, der Vierbeiner hüpft spätestens beim ersten Sprühstoß zur Seite und versucht zu entkommen! Besonders kniffelig wird es bei verletzten Pferden, bei denen man versucht, mit Desinfektionsspray eine Wunde einzusprühen: Das bereits aufgeregte und verunsicherte Pferd versucht nun erst recht zu fliehen! Deshalb üben Sie lieber rechtzeitig.

Nun schau doch mal!

Als erstes zeigt man dem Pferd die Sprühflasche von allen Seiten und lässt es in Ruhe daran schnuppern. Vielleicht reicht man ein kleines Leckerli und lobt das Pferd, wenn es an der Flasche riecht. Das ist häufig gar nicht so schwierig, denn vor der Flasche an sich haben die meisten Pferde noch keine Angst. Es ist das komische Zischgeräusch, das beim Sprühen für Angst und Schrecken sorgt, verbunden mit dem Austritt von Flüssigkeit, mit dem das Pferd meist nicht gerechnet hat.

Komische Geräusche

Der Sprühstoß kommt für Pferde ganz überraschend: Ein komischer Laut, den sie nicht zuordnen können – das erschreckt sie schnell. Zeigen Sie Ihrem Pferd deshalb erst mal, was da eigentlich so unerwartet „Pffft“ macht. Halten Sie die Sprühflasche etwas vom Pferd entfernt und sprühen Sie auf den Boden – natürlich zunächst nicht in Richtung Pferd. Loben Sie Ihr Pferd, wenn es stehen bleibt und lassen Sie es dann noch einmal an der Flasche riechen. Wenn das schon gut klappt, können Sie auch kurz vor dem Pferd auf den Boden sprühen, sodass es sich an das Geräusch in seiner Nähe gewöhnt, ehe sie sich direkt ans Pferd wagen.

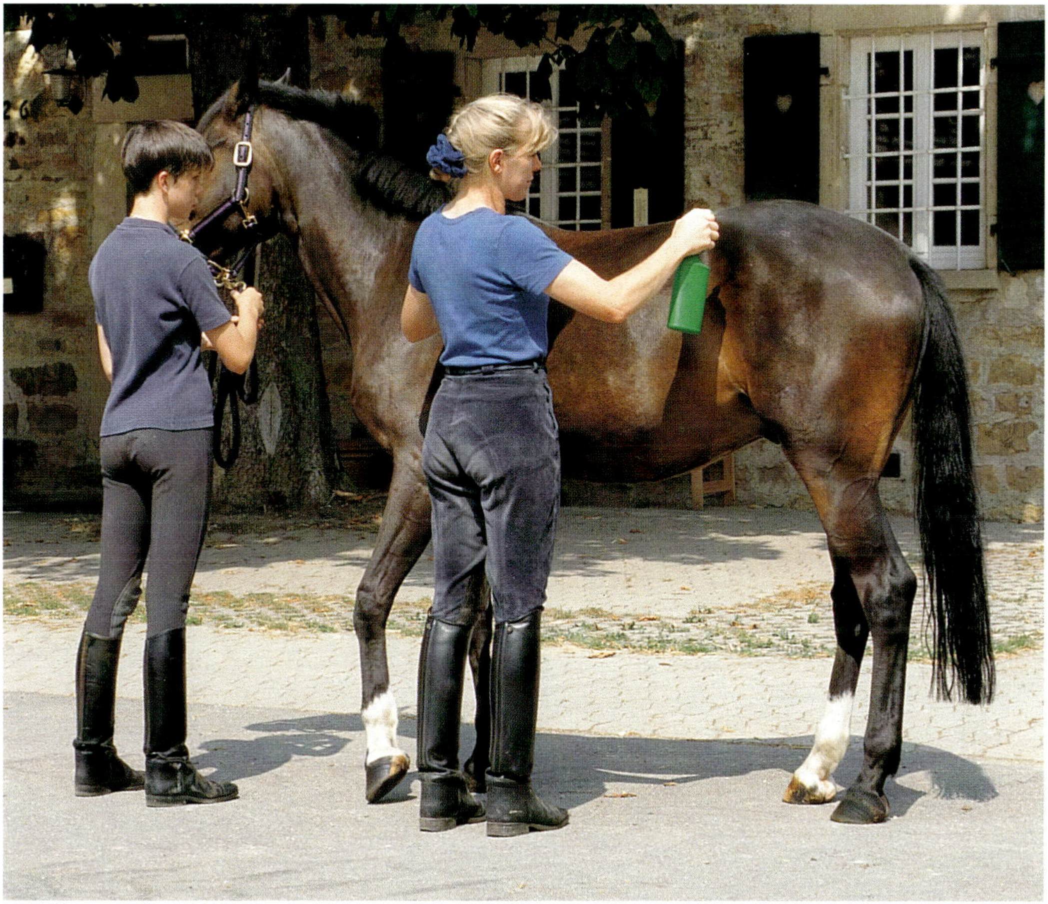

Alles gesund?

Gesundheit ist das wichtigste Gut – ein alter Spruch, der aber wahr ist. Denn das tollste und teuerste Pferd nützt nichts, wenn man es aus Krankheitsgründen gar nicht oder nur eingeschränkt reiten kann. Zur Gesunderhaltung gehören eine Menge Dinge, angefangen von der einwandfreien Fütterung über den korrekten Hufbeschlag bis hin zur fachgerechten Entwurmung.

Ganz besonders wichtig ist der Schutz vor ansteckenden Krankheiten: Eine Tetanusimpfung braucht jedes Pferd, und auch eine Impfung gegen Influenza und – je nach Gebiet – Tollwut sind empfehlenswert. Sollte es einmal zu einer kleinen Rangelei gekommen sein, dann gehört auch die medizinisch richtige Wundversorgung zur notwendigen Pflege.

Gut im Futter

Selbstverständlich sollte man immer den Futterzustand seines Pferdes im Auge behalten. Gerade Ponys neigen dazu, bei wenig Arbeit und einer reichhaltigen Weide schnell zu rundlich zu werden. Im schlimmsten Fall droht ihnen sogar eine Kolik. Auch die Hufrehe, eine Krankheit, die sich durch einen steifen Gang und eine charakteristische Schonungshaltung ankündigt, entsteht durch ein Übermaß an Futter.

WUSSTEN SIE?

▸ Nicht nur auf zu dicke Pferde muss man achten, auch zu dünn sollten die Vierbeiner nicht sein.
Ist ein Pferd trotz gutem und hochwertigem Futter eher mager, könnte ein Wurmbefall die Ursache sein. Pferde müssen mindestens viermal im Jahr entwurmt werden, am besten der ganze Bestand gleichzeitig.
Möglicherweise sind auch die Zähne nicht in Ordnung. Sie sollten mindestens einmal jährlich kontrolliert werden. Hin und wieder bilden sich an den Pferdezähnen messerscharfe Spitzen, die das Pferd am Kauen hindern und unbedingt fachmännisch entfernt werden müssen. Es gibt hierfür auch eigens ausgebildete Pferdezahnärzte.

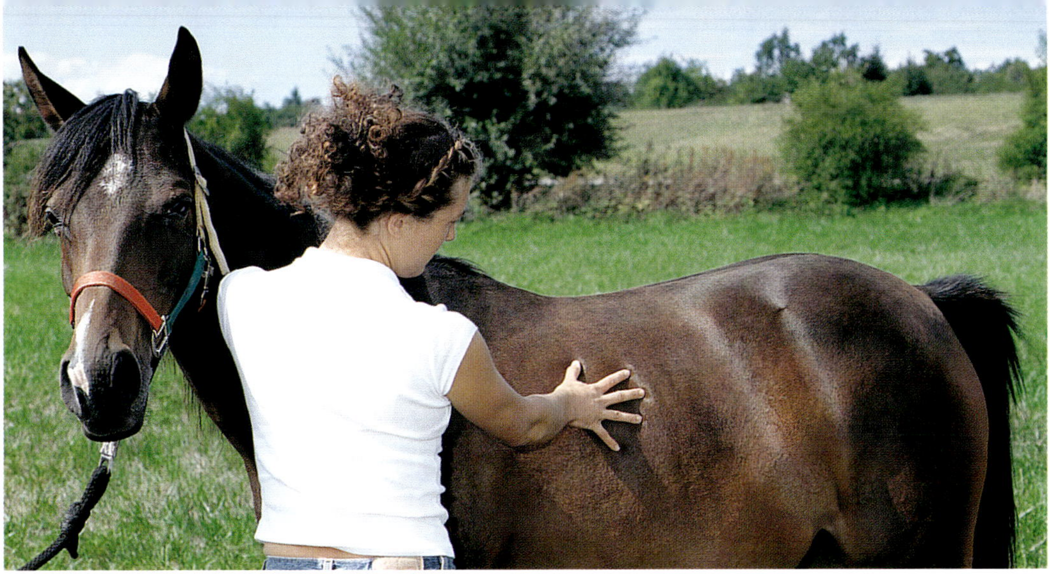

Rundum-Kontrolle

Man sollte sein Pferd täglich auf kleinere Wunden untersuchen.
Am besten streicht man es dazu vorsichtig mit den flachen Händen ab. So merkt man schnell, ob irgendwo eine heiße Stelle mit einer Entzündung ist oder ob sich vielleicht eine Wundkruste im dichten Fell verbirgt. Hat man das Gefühl, dass es dem Pferd nicht gut geht, kann man sicherheitshalber Fieber messen. Die Normaltemperatur beträgt 37,5–38,3 °C. Bei einer hohen Umgebungstemperatur oder nach einer großen Anstrengung kann die Temperatur vorübergehend erhöht sein.

Kleine Wundversorgung

Schimmel können im Sommer durchaus einen Sonnenbrand bekommen. Das schmerzt sie genauso wie uns ein Sonnenbrand auf der Nase.
Vorbeugend kann man Schimmeln oder Pferden mit einer großen Blesse Sonnencreme auf die besonders gefährdeten Hautpartien (wie zum Beispiel die Haut über den Nüstern) reiben. Das schützt sie im Hochsommer ebenso gut wie uns.

Pferde vorführen

Besteht der Verdacht auf eine Lahmheit, wird das Pferd dem Tierarzt vorgeführt. Auch bei bestimmten Prüfungen wie zum Beispiel dem Distanzreiten ist dieses Vorführen gefordert. Dort wird sogar während des Wettkampfes immer wieder geprüft, ob das Pferd noch lahmfrei ist.
Damit der Gang des Pferdes richtig beurteilt werden kann, muss man aber auf einige Dinge ganz besonders achten.

Geh!

Für den Tierarzt – egal ob bei einer Untersuchung oder bei einem Distanzritt – wird das Pferd zunächst im Schritt vorgeführt. Man führt es als erstes vom Betrachter weg und dann – nach einer Rechtsdrehung – wieder zurück zum Betrachter. Dabei sollte das Pferd möglichst gerade laufen, keine Schlenker machen und am etwas längeren Strick neben seinem Menschen gehen. Behindern Sie das Pferd möglichst nicht, damit der freie Gang beurteilt werden kann.

Lauf!

Anschließend zeigt man das Pferd im Trab. Wenn der Boden, so wie hier, aus grobem Schotter besteht, sollte man möglichst am Rand laufen, damit das Pferd nicht auf einen Stein tritt und so das Gangbild verfälscht wird. Idealerweise führt man Pferde auf festem, nicht steinigem, ebenem Untergrund vor. So lassen sich Gangunregelmäßigkeiten am besten erkennen – meist kann man sie dann sogar hören. Gerade im Trab sind sie in der Regel sehr deutlich.

Taktklar

Wer so läuft, der lahmt sicher nicht! Der Schimmel trabt kerngesund über seine Koppel. Er belastet alle vier Füße gleichmäßig und würde das Vortraben sicher locker bestehen. Manchmal zeigen sich Lahmheiten aber auch erst unter dem Reiter. Dann kann zum Beispiel ein schlecht sitzender Sattel die Ursache sein.

WUSSTEN SIE?

▸ Je erfahrener der Tierarzt ist, desto mehr kann er beim Vortraben erkennen. Er kann beispielsweise anhand der Lahmheit schon beim Vorführen sehen, ob das Pferd eher am Huf erkrankt ist oder beispielsweise aus der Schulter heraus lahmt. Man unterscheidet die sogenannte Hangbein- und die Stützbeinlahmheit, je nachdem, ob das Pferd die Gliedmaße beim Auffußen oder beim Vorschwingen entlastet. Auch das Auffußen des Hufes selbst gibt Hinweise auf eventuelle Erkrankungen. Ein Pferd mit Hufrehe beispielsweise kann man schon im Stand erkennen: Es belastet vor allem den hinteren Bereich der Hufe, steht also auf den Trachten.

Beim Schmied

Die Hufe eines Pferdes wachsen und nutzen sich ab – leider nicht immer gleichmäßig. Sie müssen deshalb in festen Zeitabständen von einem Hufschmied bearbeitet werden: Alle sechs bis acht Wochen sollte ein Schmied nach den Hufen sehen und sie entsprechend korrigieren.

Wenn sie regelmäßig geritten werden, benötigen die meisten Pferde einen Hufschutz. Auf den oft harten Böden, auf denen wir reiten, nutzt sich das Hufhorn sonst zu stark ab. Diesen Hufschutz muss der Hufschmied regelmäßig kontrollieren und erneuern.

Sitzt alles?

Die Hufe sollten Sie jeden Tag mindestens einmal kontrollieren: Ein eingetretener Stein oder ein halb abgerissenes Hufeisen, bei dem Nägel krumm stehen, können sehr schmerzhaft sein.
Wenn man sieht, dass der Beschlag schon ziemlich abgenutzt ist oder ein Nagel sich lockert, kann man rechtzeitig den Schmied verständigen.

WUSSTEN SIE?

▸ Es gibt verschiedene Möglichkeiten, den Huf vor der Abnutzung beim Reiten zu schützen. Die üblichste Variante ist das Hufeisen aus Metall. Es gibt mittlerweile aber auch Beschläge aus Kunststoff und solche, bei denen Metall und Kunststoff gemeinsam verarbeitet werden. Rennpferde werden mit Hufeisen aus Aluminium beschlagen, und viele Freizeitreiter benutzen Hufschuhe, um die Hufe ihrer Pferde zu schützen. Diese Hufschuhe kann man oft jahrelang einsetzen, sodass sich auch ein hoher Anschaffungspreis lohnt. Sie müssen allerdings fachmännisch angepasst werden, sonst verliert man sie.

Feinarbeit

Der Schmied nimmt zunächst das Eisen ab und bearbeitet dann den Barhuf, damit ein neues Eisen aufgenagelt werden kann. Der Huf wird dabei ausgeschnitten, der Strahl geglättet und der Tragrand meist gekürzt. Das Pferd soll anschließend möglichst gleichmäßig auffußen.
Das Eisen muss der Schmied so vorbereiten, dass es möglichst genau auf den Huf passt. Dazu wird es erhitzt und kurz aufgebrannt, um die Passform zu prüfen. Dieses Aufbrennen finden manche Pferde erschreckend: Ihr Huf qualmt! Daran müssen sie sich erst gewöhnen, doch wenn der Schmied zunächst nur ganz kurz aufbrennt, lernen sie schnell, dass es nicht gefährlich ist und auch nicht schmerzt. Ein Leckerli vom Schmied hilft natürlich bestens, den Schreck zu überwinden.

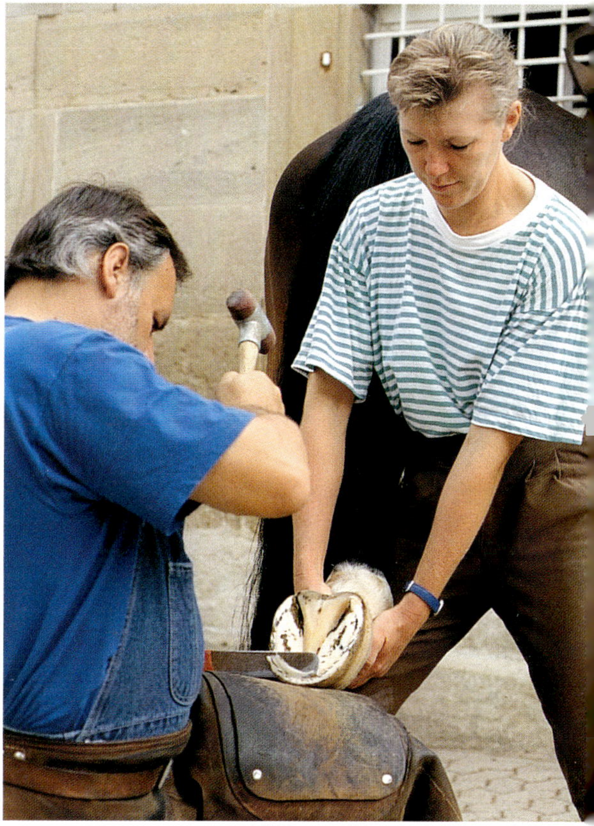

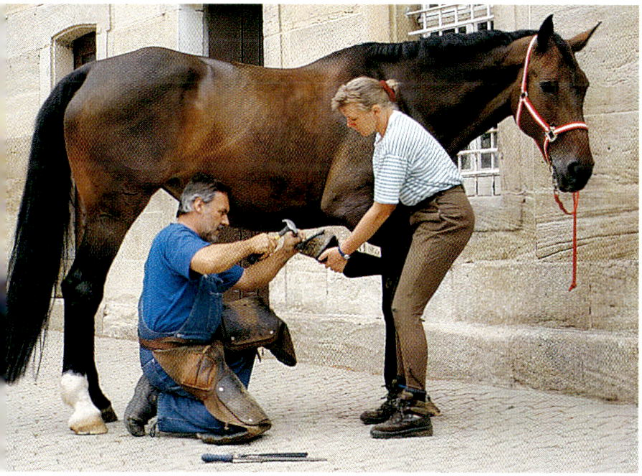

Befestigung

Die Hufnägel werden so eingeschlagen, dass sie dem Pferd keine Schmerzen zufügen. Deshalb wird das Eisen auch nur im vorderen Hufbereich festgenagelt – im hinteren Bereich ist zu viel Bewegung im Huf. In der Regel genügen auf jeder Seite zwei oder drei Nägel. Je leichter der Beschlag ist, desto weniger Nägel benötigt man.

Beim Tierarzt

Wie wichtig es ist, dass das Pferd gut erzogen ist und seinem Menschen vertraut, merkt man bei einem Tierarzttermin. Hier muss das Pferd stillstehen und sich untersuchen lassen, auch wenn das nicht immer angenehm ist.

Ein Pferd, das gelernt hat, sich überall berühren zu lassen, hat weniger Probleme mit dem Tierarzt, und wenn es sich auch ins Maul schauen lässt und beim Abhören nicht zappelt, dann ist so eine Routineuntersuchung gar nichts Schlimmes.

Schau mir in die Augen!

Die Augen werden kontrolliert, wenn ein Pferd beispielsweise eine Augenentzündung hat und vielleicht eines der Augen tränt. Aber auch die Schleimhäute können bei einem Blick in die Augen beurteilt werden. Bei Augenerkrankungen werden meistens Salben oder Tropfen verschrieben, die man ins Auge eingibt, indem man das untere Augenlid vorsichtig nach unten zieht. Die meisten Pferde lassen sich diese Prozedur gut gefallen, wenn sie gewohnt sind, sich überall berühren zu lassen.

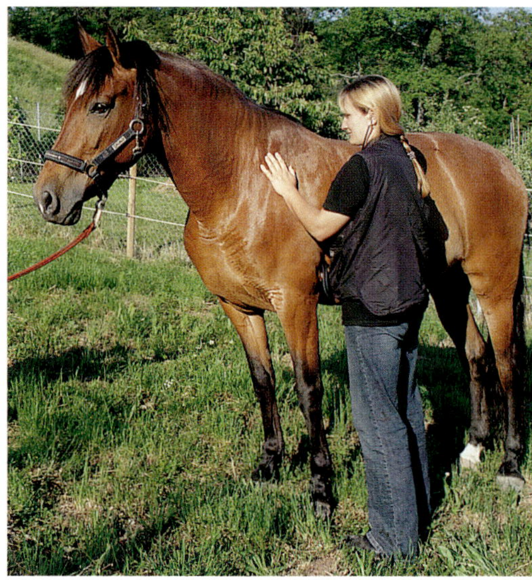

Hörbar

Die Tierärztin hört das Pferd ab und prüft, ob eine Atemwegserkrankung vorliegt. Husten ist bei Pferden eine ernst zu nehmende Krankheit, durch die die Pferdelunge dauerhaft Schaden nehmen kann. Sobald ein Pferd an mehreren Tagen hustet oder Fieber hat, ruft man den Tierarzt.

WUSSTEN SIE?

▸ Ein gesundes, erwachsenes Pferd hat folgende Puls-, Atmungs- und Temperaturwerte (PAT-Werte) in der Ruhe: Die Herzfrequenz liegt zwischen 28 bis 40 Schlägen pro Minute, die Atmung bei 8 bis 16 Zügen pro Minute und die normale Körpertemperatur bei 37,5 °C bis 38,3 °C. Bei Anstrengung geht der Puls schnell über 100 Schläge, aber er sollte in Ruhe wieder auf Normalwert absinken.

Normwerte

Den Puls kann man mit der Hand an der Innenseite der Ganaschen kontrollieren: Dort liegt eine Ader, die man gut fühlen kann. Kontrolliert man den Puls regelmäßig, kennt man die normalen Pulswerte seines Pferdes. Wichtig sind der Ruhepuls und der Puls nach Belastung. Letzterer sollte nach spätestens zwanzig Minuten wieder annähernd den Ruhepuls, zumindest aber nicht mehr als 60-64 Schläge erreicht haben. Diese Regenerationszeit verkürzt sich, je besser ein Pferd trainiert ist.

Tastbar

Die Beugesehnen der Vorderbeine kann man bei aufgehobenem Bein gut abtasten. Nach stärkerer Belastung, wie nach einem langen Geländeritt oder nach dem Springen, sollte man die Sehnen auf Schwellungen kontrollieren. Sobald man den Verdacht hat, dass etwas nicht in Ordnung ist, ist es besser, den Tierarzt zu verständigen. Sehnenschäden gehören zu den Hauptursachen, warum Pferde nicht mehr geritten werden können – deshalb sollte man auf die Sehnen immer ein Auge haben.

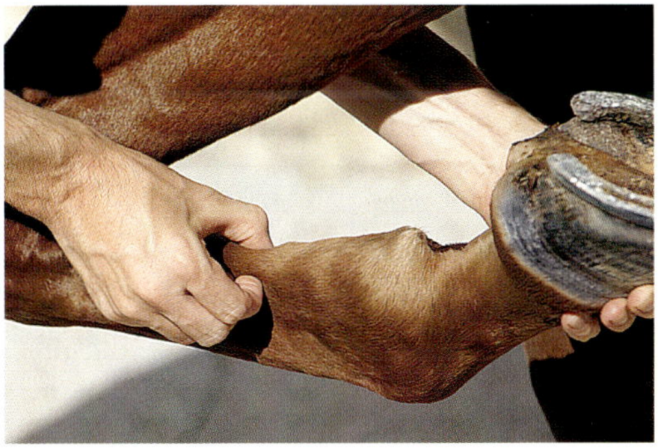

Mit Pferden unterwegs

Zu den schönsten Dingen gehört es, etwas gemeinsam mit dem Pferd zu unternehmen. Ob es ein Spaziergang durch die Felder ist, ein flotter Ausritt am Strand oder sogar die Fahrt in einen gemeinsamen Urlaub: Für Pferd und Reiter sind dies Dinge, die sie als Team so richtig zusammenschweißen. Auch eine Turnierteilnahme ist ein gemeinsames Erlebnis, von dem beide Partner profitieren, ebenso wie der Besuch eines Reit- oder Bodenarbeitskurses. Kurse bei kompetenten Trainern sind natürlich auch gut für die Verbesserung der Ausbildung, zumal wenn man mehrere Unterrichtsstunden an einem Tag oder an einem Wochenende erhält.

Kleiner Ausflug

Ein bisschen Auszeit vom Alltag kann man sich beinahe täglich nehmen. Gehen Sie doch einfach mal wieder raus ins Gelände. Und wenn Sie das Pferd die ersten Meter führen, bevor Sie aufsteigen, dann können Sie sich gemeinsam schon ein wenig entspannen und lockern.

Ist das Pferd jung oder besonders aufgeregt, nehmen Sie vielleicht einen Freund mit. Herdentiere fühlen sich in Pferdebegleitung einfach wohler – und auch man selbst ist in Gesellschaft oft ruhiger und entspannter.

Bei solchen Ausflügen kann man auch einmal spielerisch das Führen von rechts üben. An engen Straßen oder schmalen Durchgängen ist es oft sicherer, wenn das Pferd auch mit dieser Führposition vertraut ist.

Schön hier

Zusammen geht's uns gut! Was immer Sie auch mit Ihrem Pferd unternehmen, denken Sie daran, dass es Ihnen vertraut und Sie für seine Sicherheit verantwortlich sind. Vermeiden Sie deshalb gefährliche Straßen, tiefe und rutschige Böden oder potentiell gefährliche Strecken. Dann wird Ihr Pferd auch beim nächsten Mal wieder gerne mit Ihnen unterwegs sein.

Gelassenheit

Sicheres Verhalten kann man trainieren. Wer zu Hause den Umgang mit ungewöhnlichen Dingen geübt hat, der erlebt auch unterwegs nicht so schnell unangenehme Überraschungen.

Ob das eigene Pferd bereits gelassen genug ist, kann man auf sogenannten Gelassenheitsprüfungen (GHP) testen lassen. Bei dieser Prüfung sollen Vertrauen, Charakter und Erziehung des Pferdes bewertet werden. Die Pferde müssen ruhig bleiben, auch wenn Bälle, Regenschirme oder Flatterbänder im Parcours auftauchen – je gelassener das Pferd ist, desto besser fällt die Bewertung aus.

Die GHP kann geritten oder auch geführt werden und soll dadurch jedem, der mit Pferden umgeht, die erfolgreiche Teilnahme ermöglichen.

Im Gelände

Nicht nur mit Hunden kann man spazieren gehen, auch Pferde, gerade wenn sie nicht auf der Weide stehen können, freuen sich über ein bisschen Abwechslung. Vor allem im Winter, wenn es abends schon früh zu dunkel zum Reiten ist, kann man auch auf diese Weise noch einmal an die frische Luft kommen.

Pferde, die gerade nicht geritten werden dürfen, freuen sich besonders über einen kurzen Spaziergang. Und wenn man sie wieder trainieren darf, eignen sich längere Spaziergänge bestens, um sie allmählich wieder in Form zu bringen. Sie sind viel weniger belastend für den Rücken des Pferdes als langes Reiten im Schritt.

Wandersleut'

Eine willkommene Abwechslung für Pferd und Reiter kann ein Spaziergang sein. Man sollte aber immer darauf achten, dass man das Pferd nicht am langen Strick bummeln lässt. Das Risiko, dass es unkontrolliert zur Seite hüpft, wenn es erschrickt, ist zu groß. Zu dicht am Halfter wie hier darf man Pferde aber auch nicht führen. Die beste Kontrolle hat man, wenn man das Pferd am etwa 20 Zentimeter langen Strick führt.

Badezeit

Wenn man einen Spaziergang macht, ist das auch eine gute Gelegenheit, dem Pferd einmal das Wasser zu zeigen.
Am einfachsten ist es, sich mit dem unbekannten Nass anzufreunden, wenn der Mensch oder ein Pferdefreund mit hineingehen. Vielleicht zeigt der erfahrene Kumpel dem anderen Pferd, dass man an solchen Stellen gut trinken kann – das ist eine hilfreiche Erfahrung für Wanderritte!

Schön, Sie zu sehen!

Nicht nur Pferdebesitzer sind im Gelände unterwegs. Bei der Begegnung mit Spaziergängern sollte man sich stets hintereinander einordnen und auf einer Seite reiten. Selbstverständlich grüßt man freundlich und reitet immer nur im Schritt an Spaziergängern, Hundebesitzern und Joggern vorbei.

WUSSTEN SIE?

▸ Auch im Gelände ist längst nicht alles erlaubt. Die Landeswaldgesetze der einzelnen Bundesländer regeln, wo man mit dem Pferd unterwegs sein darf. Prinzipiell darf man die offiziellen Wege nie verlassen. Querfeldein über fremde Wiesen und Felder zu gehen, ist verboten. Das gilt übrigens auch für abgeerntete Felder. Der flotte Galopp über das Stoppelfeld ist nur erlaubt, wenn der Besitzer es gestattet. Und auch dann ist es selbstverständlich, dass man Rücksicht nimmt und Schäden vermeidet.

Im Straßenverkehr

Das Reiten und Führen von Pferden auf Straßen und Wegen ist in der Straßenverkehrsordnung geregelt. Pferde werden dabei wie Fahrzeuge behandelt. Auf Fahrrad- und Gehwegen ist Reiten nicht erlaubt, auch wenn es angesichts dicht befahrener Straßen sicherer erscheint.

Mit Pferden muss man sich, wie mit einem Fahrzeug, rechts halten. Da sie aber leicht erschrecken, wenn ein Auto oder ein Motorrad sich von hinten nähern, sollte man größere Straßen mit viel Verkehr nach Möglichkeit meiden. Häufig kann man auf einen Nebenweg ausweichen.

WUSSTEN SIE?

- In der Dämmerung oder gar Dunkelheit ist eine Beleuchtung vorgeschrieben: Der Reiter oder Führer muss eine Leuchte, die nach vorne weiß und nach hinten rot strahlt, auf der linken Seite tragen. Diese Funktion bieten Stiefelleuchten. Noch besser ist es, zusätzlich Leuchtdecken, -gamaschen und Sicherheitswesten zu verwenden.

Unterwegs

Junge Pferde kann man bei den ersten Ausflügen in den Straßenverkehr erst einmal führen. Sie lernen auf diese Weise, dass es gar nicht so gefährlich ist. Einfacher ist es natürlich, wenn man zunächst ein erfahrenes Pferd mitnehmen kann, dass durch seine Gelassenheit auch dem Neuling Ruhe und Vertrauen vermittelt.

Gut ausgerüstet

Auf der Straße ist es sicherer, wenn man mit der Trense statt mit Halfter und Strick unterwegs ist. Auch für einen Spaziergang an einer Straße entlang sollte man lieber die Trense benutzen, so hat man sein Pferd besser unter Kontrolle.

Verkehrsregeln

An der Straße müssen große Reitergruppen als Verband reiten, das heißt zehn bis zwölf Reiter reihen sich paarweise hintereinander ein. Um in einer Gruppe die Straße zu überqueren, biegen alle Reiter auf Kommando gleichzeitig ab. Das Abbiegen signalisiert man durch einen ausgestreckten Arm, genauso wie beim Fahrradfahren. Ein kleinerer Verband kann einzeln hintereinander gehen. Auch wer sein Pferd führt, muss diese Grundsätze befolgen.

Pferde verladen

Besonders aufmerksam muss man beim Verladen eines Pferdes auf einen Pferdeanhänger sein. Am besten lässt man sich das von einem erfahrenen Reiter zeigen. Unerfahrene Pferde sollte immer nur ein routinierter Reiter verladen, damit sich das junge Pferd weder erschrickt noch verletzt.

Fehler, die man beim Verladen macht, können sich später geradezu fatal auswirken: Hat das Pferd einmal schlechte Erfahrungen gemacht und das Vertrauen verloren, kostet es viel Zeit, Mühe und Überredungskunst, bis es wieder ruhig und gelassen in einen Hänger steigt.

In aller Ruhe

Am besten übt man das Verladen zu Hause ganz in Ruhe. Wenn der Hänger erst einmal ausgiebig betrachtet werden kann und auf dem vertrauten Reitplatz steht, dann haben die wenigsten Pferde Angst davor. Der Hänger wird einladender, wenn man etwas Stroh oder Sägespäne einstreut. Der Boden hallt dann auch nicht, wenn das Pferd ihn betritt. Ein Futtereimer im Hänger lässt diesen übrigens gleich viel sympathischer erscheinen.

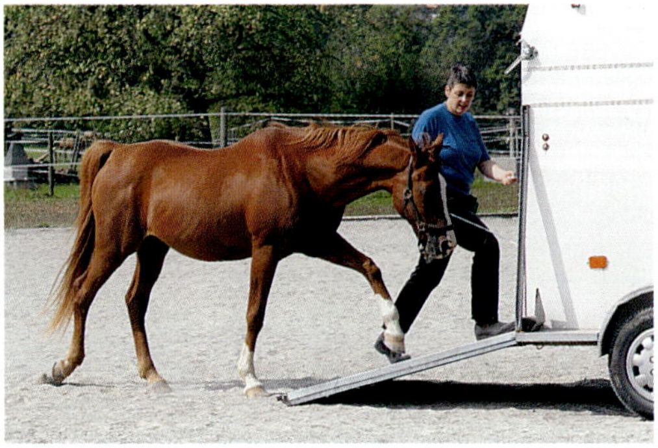

Lockmittel

Mit einem Menschen, den es kennt und dem es vertraut und mit etwas Gewöhnung steigt fast jedes Pferd problemlos in den Hänger. Man kann es natürlich auch mit einer Portion Lieblingsfutter locken und füttern, sobald es brav eingestiegen ist und stillsteht.
Einfacher und sicherer geht das Verladen, wenn noch ein Helfer dabei ist, der das Pferd seitlich absichern und die Stange hinter dem Pferd schließen kann.

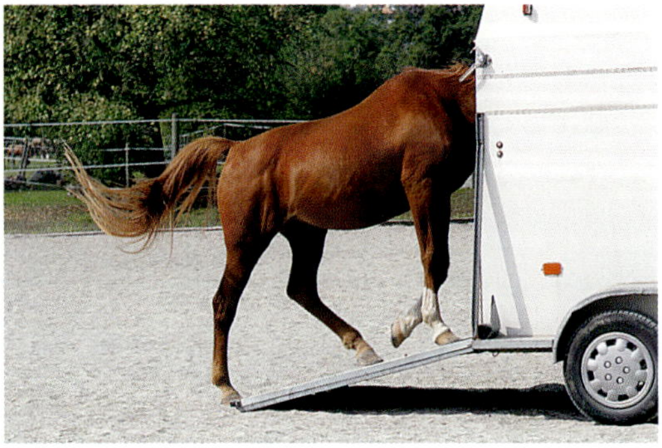

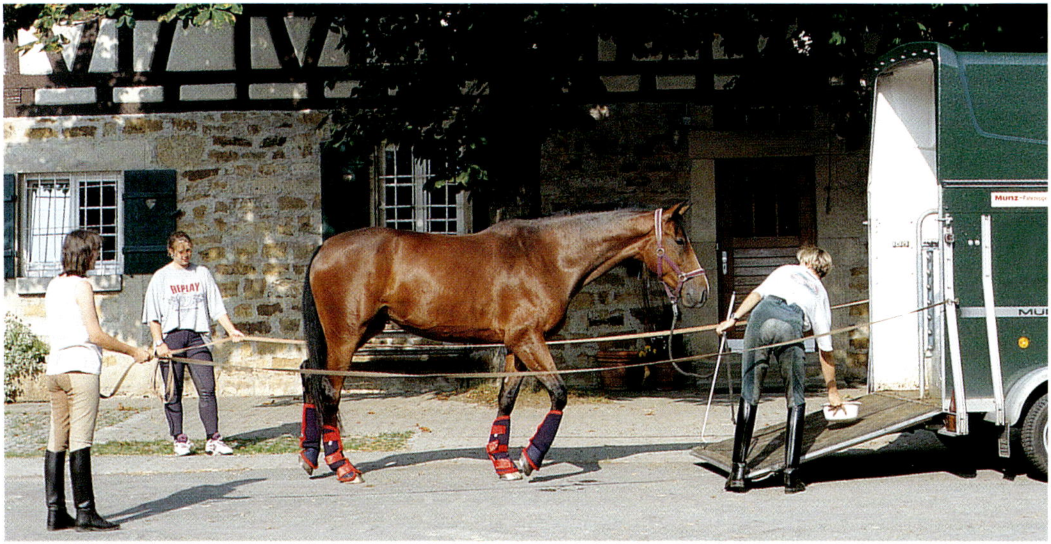

Leinenhilfe

Pferde, die sehr unsicher sind oder schlechte Erfahrungen beim Verladen oder Fahren gemacht haben, kann man häufig leichter mit Hilfe von zwei Longen verladen. Sie verhindern das seitliche Ausbrechen des Pferdes.

Auch wenn das Verladen nicht auf Anhieb klappt, darf man keinesfalls hektisch oder wütend werden. Unruhe und Stress übertragen sich auf das Pferd, das in der Folge nur noch nervöser wird. Verladen sollte man wirklich nur in Ruhe. Deshalb beginnt man möglichst frühzeitig mit dem Verladetraining.

WUSSTEN SIE?

▸ Die Weigerung, einen Pferdehänger zu betreten, kann für ein Pferd lebensgefährlich sein: Wenn es schnell in eine Tierklinik transportiert werden muss, ist es absolut notwendig, dass es sich verladen lässt. Meist zählt dann jede Minute. Stundenlange Verladeversuche können wertvolle Zeit kosten und damit wirklich lebensbedrohend für das Pferd werden. Außerdem kann sich das Pferd beim Toben weiter verletzen, zum Beispiel wenn es von der Rampe abrutscht.

Sicher fahren

Achten Sie immer darauf, dass sich Ihr Pferd beim Fahren nicht verletzen kann. Fahren Sie ruhig und besonnen, schleichen Sie lieber um die Kurven und vermeiden Sie abrupte Bremsmanöver. Dann lernen die meisten Pferde schnell, dass die rollende Kiste gar nicht so unangenehm ist. Und mit einem ruhigen Kumpel im Hänger kann man auch nervöse Pferde ans Fahren gewöhnen. Richtig toll finden es manche, wenn sie etwas zum Knabbern im Hänger haben: Kauen beruhigt nämlich.

Sicher ist sicher

Zum Fahren sollte ein Pferd einen Beinschutz tragen. Das können spezielle Transportgamaschen sein oder, vor allem bei kleineren Pferden, für die es kaum passende Transportgamaschen gibt, Bandagen mit weichen Unterlagen.

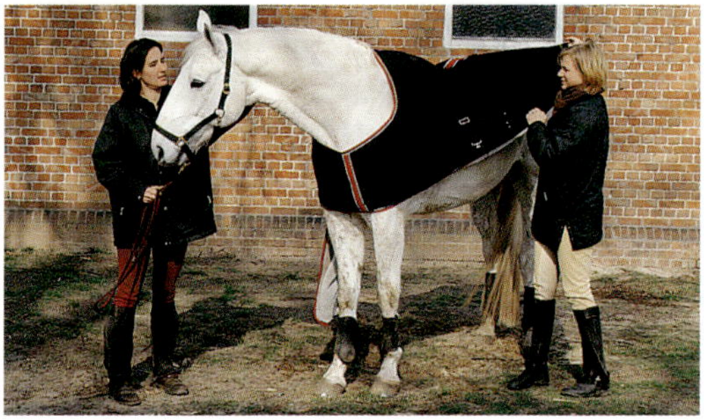

Angezogen

Wenn es kühler ist, sollte das Pferd zum Fahren eine leichte Decke übergezogen bekommen. Durch die Aufregung beim Fahren schwitzen viele Pferde schnell. Wenn sie dann einen Zug bekommen, können sie sich erkälten.
Bei schlechtem Wetter muss man auch darauf achten, eventuell das hintere Rollo zu schließen. Das Pferd sollte auf keinen Fall vom Regen durchnässt werden oder im Durchzug stehen. Achten Sie auch auf die vorderen Fenster und stellen Sie sie so ein, dass es nicht zieht.

Gute Aussichten

Lassen Sie Ihr Pferd doch einmal vorne aus dem Hänger herausschauen, wenn dieser steht. Es fühlt sich sicherer, wenn es sieht, wo es ist. Es gibt sogar Hänger, bei denen Sie große Türen vorne öffnen können.

Lassen Sie das Pferd aber bei offener Tür nicht unbeaufsichtigt. Sollte es versuchen auszusteigen, kann es sich unter Umständen schwer verletzen.
Parkt man längere Zeit zum Beispiel auf einem Turnier, kann man auch die Plane hochrollen.

WUSSTEN SIE?

▸ Wer mit seinem Pferd immer nur auf anstrengende Turniere oder in die Tierklinik fährt, riskiert, dass es bald keine Lust mehr hat mitzufahren. Fahren Sie doch einfach mal zu einem gemütlichen Ausritt ins Nachbardorf oder auf eine etwas weiter entfernte Koppel!

Korrektes Ausladen

Eine Hängerfahrt ist immer ein bisschen aufregend: Geht alles gut? Steht das Pferd still? Gibt es hoffentlich keine langen Staus und nimmt einem bloß niemand die Vorfahrt, sodass man scharf bremsen muss? Wer sein Pferd sicher von einem Ort zum anderen gebracht hat, ist schon mal froh, wenn unterwegs nichts passiert ist. Nun muss das Pferd nur noch ruhig aussteigen, dann hat alles geklappt!

Pause

Wenn man sehr weite Strecken zurücklegen muss, dann sollte man das Pferd zwischendurch füttern und tränken. Bei langen Fahrten muss man das Pferd auch abladen und ihm eine Ruhepause ermöglichen. Am besten erkundigt man sich vor der Fahrt beim Veterinäramt, wie die aktuellen Bestimmungen lauten. Einfacher wird dies eventuell mit einem erfahrenen Spediteur, der schon über feste Abladestellen verfügt.

Luxusmodell

Besitzer eines Transporters haben es einfacher: Hier können die Pferde vorwärts aussteigen. Aber es gibt auch schon Pferdehänger, bei denen das möglich ist.
Vorwärts auszusteigen fällt vielen Pferden wesentlich leichter als rückwärts über eine klappernde oder rumpelnde Rampe zu gehen.
Aber auch wenn das Pferd vorwärts aussteigen kann, muss man vorsichtig sein, dass es nicht losstürmt. Hierbei könnten sich Pferd und Reiter leicht verletzen.

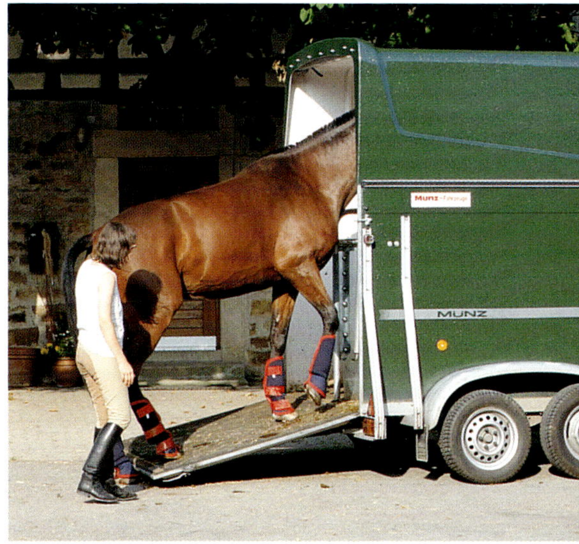

Bitte rauskommen!

So ist es richtig: Zuallererst wird das Pferd vorne losgemacht, dann erst darf man die Sicherheitsstange öffnen. Hinten an der Rampe steht ein Helfer, der das Pferd an der Seite berührt und dafür sorgt, dass es nicht seitlich von der Rampe rutscht. Am besten führt man das Pferd ruhig rückwärts. Wenn man alleine auslädt, löst man ebenfalls zuerst den Anbindestrick, geht dann nach hinten, öffnet die Stange und erlaubt dem Pferd mit einem Stimmkommando das Rückwärtsgehen.
Trainieren Sie, dass das Pferd gerade und langsam über die Rampe geht. Halten Sie es dazu ruhig auf der Rampe an, lassen Sie es warten und dann weitergehen.

Service

Zum Weiterlesen

Amler, Ulrike: **Alles über Pferde.**
Haltung, Reiten, Rassen.
KOSMOS Verlag, Stuttgart 2006
Mit diesem Buch gelingt der Einstieg in das faszinierende Thema Pferd auf Anhieb.
Leicht verständlich, fachlich fundiert und wunderschön bebildert. Von Sprache und Verhalten der Pferde über Reiten lernen bis zum Pferdekauf – da bleiben keine Fragen offen.

Amler, Ulrike: **Alles übers Reiten.**
Reiten lernen, Reitweisen, Richtige Ausrüstung.
KOSMOS Verlag, Stuttgart 2007
Von der Suche nach dem geeigneten Reitstall über die sinnvolle Ausrüstung und die ersten Reitstunden bis hin zu Reitabzeichen oder Turnierstart liefert dieses Buch das nötige Basiswissen. So macht das neue Hobby „Reiten" Freude von Anfang an!

Bayley, Lesley: **Trainingsbuch Bodenarbeit.**
Die Methoden und Übungen der besten Pferdeausbilder.
KOSMOS Verlag, Stuttgart 2006
Alles Gute kommt vom Boden. Denn Bodenarbeit fördert das Körpergefühl, dient der Gymnastizierung und schafft Respekt und Vertrauen zwischen Pferd und Reiter. Dabei ist es viel mehr als nur eine Ergänzung zum Reiten. Hier sind die Methoden der besten Pferdeausbilder wie Linda Tellington-Jones, Monty Roberts, Pat Parelli Mark Rashid u. a. in einem Buch beschrieben.

Binder, Sybille L.: **Was denkt mein Pferd.**
Pferdeverhalten auf einen Blick.
KOSMOS Verlag, Stuttgart 2006
Wer die Körpersignale seines Pferdes richtig deutet, ist auf dem besten Weg zu einer guten Partnerschaft! Zahlreiche Bilder helfen, typisches Pferdeverhalten zu verstehen.

Binder, Sybille L.: **Reiten lernen, ganz entspannt.**
Der Einsteigerkurs.
KOSMOS Verlag, Stuttgart 2004
Eine unkomplizierte Reitlehre, die Spaß und gute Laune macht.

Binder, Sybille L.: **Populäre Irrtümer über Pferde.**
Vom Schlafen im Stehen und vom Hafer, der sticht.
KOSMOS Verlag, Stuttgart 2005
Kurioses, Wunderliches und Erstaunliches über Pferde. Darüber freut sich jeder Pferdefreund.

GaWaNi Pony Boy: **Horse, Follow Closely.** Indianisches Pferdetraining – Gedanken und Lösungen.
KOSMOS Verlag, Stuttgart 1999, 2004, 2007
Eins sein mit dem Pferd ist der Traum vieler Reiter. GaWaNi Pony Boy zeigt, wie dieser Traum auch heute noch wahr werden kann. Auch als DVD mit Booklet erhältlich!

Gohl, Christiane: **Pferde kennen und verstehen.**
Verhalten, Umgang, Reiten.
KOSMOS Verlag, Stuttgart 2005
Das ideale Buch für Einsteiger. Fundierte, aber unterhaltsame Antworten auf alle Basisfragen rund ums Pferd. Mit vielen praktischen Extra-Tipps.

Gohl, Christiane: **Was der Stallmeister noch wusste.**
KOSMOS Verlag, Stuttgart 2004
Kurioses, Amüsantes und erstaunlich Nützliches rund um Pferde – aus einer Zeit, in der Reiten kein Hobby, sondern Alltag war.

Metz, Gabriele: **Alles über Pferderassen.**
Herkunft, Aussehen, Fähigkeiten.
KOSMOS Verlag, Stuttgart 2007
Traumpferd gesucht? Dieses Buch nimmt sie mit auf eine Reise durch die faszinierende Welt der Pferde. Bekannte und exotische Rassen – wunderschön fotografiert und unterhaltsam vorgestellt. Ein Rassenführer, der einfach anders ist.

Puls, Susanne: **Von Ross und Reiter.**
Ein satirisches Typenhandbuch.
KOSMOS Verlag, Stuttgart 2004
Wie der Herr so's G'scherr – das trifft auch auf Pferd und Reiter zu. Susanne Puls nimmt die unterschiedlichen Reiter- und Pferdetypen mit Humor und Ironie aufs Korn. Ein Buch, das zum Schmökern, Lachen und Verweilen einlädt.

Rashid, Mark: **Der von den Pferden lernt.**
Ein Horseman, der zum Schüler seines Pferdes wird.
KOSMOS Verlag, Stuttgart 2007
Humorvoll erzählt der sympathische Pferdetrainer, wie er durch sein Pferd Buck einen anderen Blickwinkel für den Umgang mit Mensch und Tier und die eigene Lebensbewältigung bekam.

Resnick, Carolyn: **Tochter der Mustangs.**
Mein Leben unter Wildpferden.
KOSMOS Verlag, Stuttgart 2007
Die gefühlvolle Biografie einer Frau, die im Westen Amerikas unter Wildpferden lebte und durch diese Erfahrungen einen ganz eigenen Weg des Umgangs mit Pferden entwickelte.

Schöning, Barbara Dr.: **Das KOSMOS Erziehungsprogramm Pferde.**
KOSMOS Verlag, Stuttgart 2004
Das Einmaleins des guten Benehmens für Pferde und wie Sie es Ihrem Pferd beibringen können. Mit vielen praktischen Tipps und Informationen.

Nützliche Adressen

Deutsche Reiterliche Vereinigung (FN)
Freiherr-von-Langen-Str. 13
D – 48231 Warendorf
Tel.: 0049-(0)2581-63620
www.fn-dokr.de

Vereinigung der Freizeitreiter und -fahrer in Deutschland (VFD)
Auf der Hohengrub 5
D – 56355 Hunzel
Tel.: 0049-(0)6772-9630980
www.vfdnet.de

Bundesfachverband für Reiten und Fahren in Österreich (BFV)
Geiselbergstr. 26 – 32/Top 512
A – 1110 Wien
Tel.: 0043-(0)1-7499261-13
office@fena.at
www.fena.at

Schweizerischer Verband für Pferdesport (SVPS)
Papiermühlestr. 40 H
Postfach 726
CH – 3000 Bern 22
Tel.: 0041-(0)31-335 43 43
info@svps-fsse.ch
www.svp-fsse.ch

FS Reitzentrum Reken
Frankenstr. 37
D – 48734 Reken
Tel.: 0049-(0)2864-2434
fs.reitzentrum@t-online.de
www.fs-reitzentrum.de

Register

Bildnachweis

Silke Behling (4: S. 19 r., 49 l., 76 o., 76 u.), Jean Christen/Kosmos (1: S. 18), Ramona Dünisch/Kosmos (10: S.5 o., 19 l., 30, 34, 45, 62, 64, 65 o., 79 u., 82), Klaus-Jürgen Guni/Kosmos (12: S. 8 l., 10, 11 o., 14, 15 u., 20, 27 o., 43 o., 43 u., 55, 59 l., 61 u.), Lothar Lenz/Kosmos (5: S. 14 r. 54, 59 r., 78, 79 o.), Christof Salata/Kosmos, (55: S. 4, ,5 u., 9 o., 14 l., 15 o., 17 o., 17 u., 23 u., 28, 32 o., 32 u., 35 o., 35 u., 36, 37 l., 38, 40, 41 o., 44 r., 48, 49 r., 50 u., 51 o., 51 u., 52, 53 o., 53 u., 56, 57 o., 57 u., 60 r., 61 o., 65 u., 66, 67 o., 67 u., 68 l., 68 r., 69, 71 o., 72 r., 75 o., 75 u., 77 r., 80 r., 83 u., 84 l., 84 r., 85, 86 l., 86 r., 87, 88, 89 o., 89 u.) Horst Streitferdt/Kosmos (46: S. 1, 6, 7 o., 7 u., 8 r., 9 u., 11 u., 12 l., 12 r., 13, 16, 21 o., 21 u., 22, 24, 25 o., 25 u., 26, 27 u., 29 o., 29 u., 31 u., 31 o., 33 l., 33 r., 37 r., 39 o., 39 u.l., 39 u.r., 41 u., 46 l., 46 r., 47 l., 47 r., 50 o., 58, 60 l., 63 l., 63 r., 70, 71 u., 72 l., 73, 74, 80 u l., 81, 83 o.), Felix v. Döring/ Kosmos (4: S. 23 o., 42, 44 l., 77 l.).

Impressum

Umschlag von eStudio Calamar unter Verwendung eines Farbfotos von Christiane Slawik (Umschlagvorderseite) sowie drei Farbfotos von Horst Streitferdt/Kosmos (Umschlagsrückseite).

Mit 141 Farbfotos.

Bibliografische Information der Deutschen Bibliothek:
Die Deutsche Bibliothek verzeichnet diese Publikation in der Deutschen Nationalbibliografie; detaillierte bibliografische Daten sind im Internet über http://dnb.ddb.de abrufbar.

Gedruckt auf chlorfrei gebleichtem Papier

Unser gesamtes lieferbares Programm und viele weitere Informationen zu unseren Büchern, Spielen, Experimentierkästen, DVDs, Autoren und Aktivitäten finden Sie unter **www.kosmos.de**

ISBN 978-3-440-10947-2
Redaktion: Birgit Bohnet
Gestaltungskonzept: Tatyana Momot
Produktion: Kirsten Raue / Claudia Kupferer
Printed in Germany / Imprimé en Allemagne